Franz von Bolgár

# Die Regeln des Duells

Das Duell mit
Pistolen,
Säbeln
und Degen
nach der Wiener Originalausgabe
des Jahres 1921

Mit einem Nachwort von
Garwin Weißenstein

Bibliographische Information der Deutschen Nationalbibliothek:
Die Deutsche Nationalbibliothek verzeichnet diese Publikation in der
Deutschen Nationalbibliografie, detaillierte bibliografische Daten sind im
Internet unter dnb.dnb.de abrufbar.

TWNTYSIX – Der Self-Publishing-Verlag

Eine Kooperation zwischen der Verlagsgruppe Random House und
BoD – Book on Demand

© Garwin Weißenstein

Herstellung und Verlag:
BoD – Book on Demand, Norderstedt

ISBN: 9783740727055

# INHALT

|  | Seite |
|---|---|
| Vorwort | 7 |

## Erster Teil

| | |
|---|---|
| Vom Duell und von der Beleidigung | 16 |
| Rechte des Beleidigten | 22 |
| Pflichten des Beleidigers | 23 |
| Beschaffenheit der Waffen | 26 |
| Die Forderung | 28 |
| Die Sekundanten und ihre Pflichten | 34 |

## Zweiter Teil

| | |
|---|---|
| Das Säbelduell | 47 |
|    Das Säbelduell ohne Stich | 47 |
|    Das Säbelduell mit Stich | 55 |
| Das Degenduell | 56 |
| Das Pistolenduell | 62 |
|    Pistolenduell mit Vorrücken | 65 |
|    Pistolenduell mit festem Stand und freiem Schusse | 72 |
|    Pistolenduell mit festen Standpunkte | 76 |
|    Pistolenduell auf Signal | 80 |
|    Pistolenduell auf Kommando | 84 |
|    Pistolenduell mit unterbrochenem Vorrücken | 85 |
|    Pistolenduell auf parallelen Linien | 88 |

| | Seite |
|---|---|
| **Dritter Teil** | |
| Die außergewöhnlichen Duelle | 91 |
| Pistolenduell auf kürzeste Distanz | 93 |
| Pistolenduell mit ununterbrochenen Bewegungen auf parallelen Linien | 94 |
| Pistolenduell – nur ein Lauf geladen | 95 |
| **Vierter Teil** | |
| Das Duellprotokoll – mit Beispielen aus der Praxis | 97 |
| **Anhang** | 115 |
| **und Nachwort** | 120 |

# VORWORT

Es liegt in unseren sozialen Verhältnissen, dass jedermann, und mag er theoretisch auch der überzeugteste Gegner des Duells sein, wenn er seine Stellung in der Gesellschaft behaupten will, in gewissen Fällen in die Notwendigkeit versetzt wird, an dasselbe appellieren zu müssen.

Es ist daher auch die Kenntnis jener Regel, welcher die Ritterlichkeit für den Kampf um die beleidigte Ehre geschaffen und deren Befolgung allein diesem Kampfe den Charakter und die Würde verleiht, für jedermann umso mehr eine Notwendigkeit, als durch dieselbe auch die Gefährlichkeit des Kampfes möglichst abgeschwächt wird und die Chance zwischen den Parteien gleichmäßig verteilt werden.

Hat man aber das verantwortungsvolle Amt eines Zeugen oder Sekundanten übernommen, ein Amt, welches einen Dienst involviert, den man für gewöhnlich keinem Freund zu verweigern pflegt, so ist die genaue Kenntnis dieser Regeln sogar strenge Pflicht.

Da bisher bei uns keine korrekte Zusammenstellung der der Duellregeln existiert und über diese selbst in den Kreisen der Armee die widersprechend Ansichten herrschen – ein Übelstand, der häufig zu großen, von den traurigsten Folgen begleiteten Unregelmäßigkeiten Anlass gibt, habe ich mich der

Aufgabe unterzogen, diese Regeln an Hand der kompetentesten Quellen zusammenzustellen.

Zu diesen gehört an erster Stelle das Graf Chatauvillardsche „Essai sur le duel", welches derselbe, Mitglied des Pariser Jockei-Klubs, auf eine im Jahr 1836 an ihn gerichtete Aufforderung dieser illustren Vereinigung, unter der Mitarbeiterschaft anderer Mitglieder, darunter des Marschalls Grafen Excelmans, des Generals Baron Gourgaud und des Grafen Du Hallay-Coëtquen, verfasst hat und in welchem die Gebräuche des Duells, die bis dahin ganz ungeordnet waren, zum ersten Mal in streng geregelter Form schriftlich zusammengestellt wurden. Diese, die Signatur von fast hundert der glänzendsten Namen des damaligen Frankreich (Marschall Graf von Lobau, Marschall Graf Molitor, Vizeadmiral von Sercey, Generalleutnant Herzog von Guiche, Generalleutnant Graf Cavaignac, Herzog von Wagram, Fürst Poniatowski usw.) tragend, von echter Ritterlichkeit und edler Menschlichkeit diktierten Regen, verfasst zu einer Zeit, wo in Pariser journalistischen Kreisen allein binnen vier Jahren 180 Duelle stattfanden, wurden von der öffentlichen Meinung mit großer Genugtuung begrüßt und vollinhaltlich sanktioniert. Sie haben sich bald auch außerhalt Frankreichs, so auch bei uns Geltung verschafft und sind auch heute noch in voller Kraft.

Weiter erwähne ich die Zusammenstellung Louis Chappons: „Die Regeln des Zweikampfes" (Pest 1848), die sich zwar nur auf eine teilweise Übersetzung der im vorerwähnten Essai enthaltenen Regeln beschränkt, dadurch jedoch, dass sie von mehreren hervorragenden Mitgliedern der ungarischen Aristokratie signiert ist, von Bedeutung erschein. Es sind die Herren: Baron Béla Orczy, Graf Georg Károlyi, Guido Karácsonyi, Baron Dionys Eötvös, Fürst Woroniecki, Graf Anton Forgách sen., Baron Anton Laffert und Baron Anton Balassa.

Ebenfalls zitiere ich die im Jahr 1879 erschienene interessante Studie des Grafen Du Verger de Saint Thomas: „Nouveau Code du duel", die, von denselben Intentionen diktiert wie das heute beinahe unauffindbare Werk Chatauvillards, die Frage auf Grund fast noch größerer Erfahrung behandelt als dieses und überdies den in neuerer Zeit entstandenen Gebräuchen Rechnung trägt.

Die in diesem Werken festgestellten Regeln, bezüglich deren Autorität, zumal das Duell außerhalb des Gesetzes steht, ihre Provenienz, ihre tatsächliche Gebräuchlichkeit und ihre Anerkennung durch öffentliche Meinung genügen müssen, sind auch in dieser Schrift enthalten. Gleichzeitig ist aber auch darauf Acht genommen, diese Regeln übersichtlich und in der Reihenfolge, in der sie zur Anwendung zu kommen haben, zu ordnen, sie dort, wo es notwendig schien, zu erläutern und sie mit den bei uns gültigen besonderen Gebräuchen, die mir aus eigener und aus Erfahrung zahlreicher hochgeschätzter Kameraden, Freunden und Gentlemen bekannt sind, in Einklang zu bringen. Neue Regeln sind hier nicht geschaffen.

Wenn die folgenden Blätter nicht allein dem Wortlaute, sondern auch ihrem Geiste nach aufgefasst werden, dürften kaum Fälle eintreten, wo sie nicht ehrlichen Rat wüssten. Würde man sich aber dennoch vor einem Zweifel sehen, so kann ich den Sekundanten nur das eine zurufen: Lasse Sie sich, meine Herren, stets von wirklicher Ritterlichkeit und wahrer Humanität leiten und die Lösung des Zweifels wird stets nur eine richtige sein!

1880

Franz v. Bolgár

# VORWORT ZUR SECHSTEN AUFLAGE

Als ich vor beinahe zwei Jahrzehnten dieses Buch zusammenstellte und herausgab, verfolgte ich damit den Zweck, durch die Wiedergabe der Ansichten der in der Duellfrage maßgebenden französischen Autoritäten und der Feststellung der bei uns üblichen Gebräuche, die zu jener Zeit gesammelt noch nicht vorlagen, meinen Kameraden in der Armee, in der ich damals diente, ein Nachschlagebuch zu bieten. Bei dem Umstand jedoch, dass man Offiziere mit besonderer Vorliebe zur Übernahme der Rolle von Sekundanten ersuchte und sie auch persönlich nicht immer Kameraden als Gegnern gegenüberstehen, habe ich das Buch derart gehalten, dass es auch den nichtmilitärischen Kreisen Dienste zu leisten die Eignung habe.

Ich lehnte mich, wie dies im Vorworte der ersten Auflage ausgeführt ist, genau an die Duellvorschriften der Grafen Chatauvillard und Du Verger an, die ich mit unseren heimischen Gewohnheiten in Einklang brachte, wobei ich mit möglichst großer Umsicht und Genauigkeit vorging und Fälle, die auch nur den allergeringsten Zweifel ermöglichten, mit maßgebenden Persönlichkeiten besprach. Neue Regeln habe ich nicht geschaffen, wenn man jene nicht so nennen darf, die bereits im Gebrauch waren und von mir nur schriftlich formuliert wurden. Ich hätte dies aber auch nicht tun können, zumal ein einzelner hierzu nicht berufen sein kann und solchen Regeln nur dann die Autorität innewohnt, wenn sie ein langjähriger Gebrauch sanktioniert oder sie die gesellschaftliche Sanktion in ähnlicher Weise erhalten haben, wie dies mit den Regeln des Grafen Chatauvillard geschah, welche der Pariser Jockei-Klub zu seinen eigenen machte, weshalb sie auch noch heute in Kraft sind und die Grundlage aller Duellvorschriften und Gewohnheiten bilden.

Diesem Festhalten an der Autorität Chatauvillards, welcher sich auch Graf Du Verger streng unterstellt, ist es zu verdanken, dass die von mir zusammengestellten Regeln allgemein in Gebrauch kamen und die Sanktion in der Öffentlichkeit erhielten, was am besten daraus hervorgeht, dass die vorliegende Auflage eigentlich schon die zwölfte ist, da zu gleicher Zeit mit der sechsten deutschen die sechste ungarische notwendig wurde. Überdies ist das Buch teils ganz, teils in einzelnen Partien in zahlreichen Hand- und Fechtbüchern nachgedruckt worden, wie auch sehr viele der von mir zuerst formulierten Regeln in die verschiedenen Duellbücher übergegangen sind. Die Chatauvillardschen Regeln, auf die ich aufmerksam machte, haben in dieser Weise auch bei uns das Bürgerrecht erworben, und das umso mehr, als die später erschienenen Duellbücher alle gleichfalls die Grundsätze Chatauvillards wiedergeben. Österreich und Ungarn stehen auf diesem Gebiet gleich Frankreich unter der Autorität Chatauvillards. Und wenn in einzelnen Details unsere Regeln von jenen Chatauvillards abweichen, so ist das leicht zu verstehen, da sich seit 1836 naturgemäß auch neue Gewohnheiten bildeten und sich auch unser von dem französischen abweichendes Temperament zur Geltung bringen musste.

Diesen Unterschied zwischen den französischen und unseren Duellgebräuchen ist in der vorliegenden Auflage besonders Rechnung getragen, und ich glaube sagen zu dürfen, dass der Inhalt des Buches ein genaues Bild der heute bei uns herrschenden Gewohnheiten bei der Austragung von Ehrenaffären bietet. Wer sich an die hier gegebenen Regeln und Weisungen hält, wird sicherlich nichts tun, was unrecht ist und was er später sich selbst oder ein anderer ihm vorwerfen könnte. Von der ersten Auflage weicht das Buch hin und wieder an, doch nur, weil manches, was damals angedeutet wurde, jetzt durch Gebrauch sanktioniert ist und weil im Laufe von zwei Jahrzehnten auch neue Gewohnheiten entstanden sind. Speziell bei den Pistolenduellen habe ich auf Grund unserer Praxis die einzelnen Arten neu klassifiziert, die Schießzeit reguliert und ein in Frankreich in neuerer Zeit in Mode gekommenes und fast ausschließlich gebrauchtes Duell neu aufgenommen.

Es sei hier betont, dass jede, selbst die unscheinbarste der einzelnen Regeln das Produkt reiflichster Überlegung und genauester Erwägung der Verhältnisse ist. Chatauvillard und Du Verger geben in ihren Werken auch die genaue Begründung der

Regeln, und wenn ich das unterlasse, so geschieht es nur, um die Übersichtlichkeit nicht zu stören, denn diese Schrift soll nicht eine Abhandlung, sondern ein Handbuch sein. Es mag vielleicht die eine oder andere Regel im ersten Augenblicke überraschen, bei genauerem Ansehen muss es indessen bald erkannt werden, dass jede ihre Berechtigung hat und selbst ihre Stilisierung eine überlegte ist. Überflüssige Details habe ich vermieden, da wirkliche Gentlemen zur Regelung ihrer Differenzen nicht Bände von Regeln brauchen, dort aber, wo man zu Haarspaltereien die Zuflucht nimmt, auch Hunderte von Bänden nicht zu raten wüssten.

Wer übrigens in das Wesen der Duellfrage eindringen und selbst über die subtilsten Details auf dem Gebiet des Zweikampfes eine genaue und maßgebende Orientierung haben will, den will ich auf das ausgezeichnete Werk Armand Croabbons: „La science du point d'honneur", Paris 1894, aufmersam machen. Es ist dieses, meiner Ansicht nach, das vorzüglichste Werk, welches auf diesem Gebiet bisher erschienen ist, das Werk eines Gentlemen und Gelehrten. In Frankreich ist Croabon durch dieses Buch eine erste Autorität in Fragen der Ritterlichkeit geworden, wozu es wesentlich beitrug, dass er die Prinzipien Chatauvillards bei seinen Ausführungen und Feststellungen unverrückt vor Augen hält.

Ich glaubte das Vorhergehende im Interesse der Autorität der auf den nachfolgenden Seiten enthaltenen Normen sagen zu müssen, denn die Autorität ist die erste Bedingung dafür, dass solche Normen ihrer ritterlichen und humanen Aufgabe zu entsprechen vermögen.

1898

Franz v. Bolgár

# ERSTER TEIL
## I.

**Vom Duell und von der Beleidigung**

Das Duell ist ein durch Vereinbarung ritterlicher Natur streng geregelter Kampf mit tödlichen Waffen zwischen zwei Personen, in Gegenwart beiderseitiger Zeugen und zufolge einer durch eine Beleidigung begründete Herausforderung.

Der Zweck des Duells ist, für eine Beleidigung durch die Kraft der Waffen Genugtuung zu verschaffen. Der Beleidigte schlägt sich, um Genugtuung zu erhalten, der Beleidiger um Genugtuung zu geben.

Sind dem Kampf keine Vereinbarungen vorausgegangen oder findet er nicht in Gegenwart von Zeugen statt, so ist derselbe kein Duell und wird weder von der öffentlichen Meinung noch vom Gesetze als solches angesehen.

Wo die Grenze liegt, an der gewisse Handlungen den harmlosen Charakter verlieren und zu Beleidigungen werden, ist schwer allgemein festzustellen; es hängt dies in der Hauptsache von der Empfindlichkeit desjenigen ab, gegen den sie gerichtet sind. Natürlich kann sich diese Auffassung nur auf Beleidigungen leichter Art beziehen, wogegen für solche ernsterer Natur jedermann, der die über die Ehre unserer Gesellschaft bzw. in der Armee gebräuchliche Begriffe teilt, in gleichem Maße empfänglich sein muss. Von dieser Voraussetzung ausgehend, pflegt man drei Arten der Beleidigung zu unterscheiden:

1. a) Die Beleidigung schlechtweg oder die einfache Beleidigung.
Unhöflichkeit ist keine Beleidigung. Wer einer Unhöflichkeit wegen beleidigt wird, ist der Beleidigte. Sollte eine einfache Beleidigung durch eine andere einfache Beleidigung erwidert werden, so bleibt doch der zuerst Angegriffene der Beleidigte.

b) Die Beleidigung durch Beschimpfung.
Diese kann sowohl durch Schimpfworte als durch die Beschuldigung schimpflicher Eigenschaften geschehen. Wer für eine einfache Beleidigung beschimpft wird, ist derBeleidigte.
Sollte eine Beschimpfung durch eine andere Beschimpfung erwidert werden, so bleibt doch der zuerst Beschimpfte der Beleidigte.

c) Die Beleidigung durch Schlag.
Jede Berührung in beleidigender Absicht ist ein Schlag. Wer für eine Beschimpfung geschlagen wird, ist der Beleidigte.
Wird ein Schlag durch einen anderen Schlag erwidert, so bleibt doch der zuerst Geschlagene der Beleidigte, denn er kann dafür, dass er durch den erhaltenen Schlag empört, im ersten Moment die Überlegung

verlor und sich ebenfalls zur Tätlichkeit hinreißen ließ, nicht verantwortlich gemacht werden. Der Umstand, dass der zweite Schlag stärker wäre als der erste oder dass er eine Verwundung zur Folge hätte, könnte an dieser Regel nichts ändern*.

Der Beleidigung durch den Schlag werden bei uns für gewöhnlich auch jene Angriffe gegen die Ehre gleichgesetzt, welche die moralische Existenz einer Person bedrohen oder in Frage stellen geeignet sind, wie etwa die ungerechte Beschuldigung falschen Spiels, des Betrugs oder des Diebstahls. Doch muss die Sache die peinlichst genaue Begutachtung der Sekundanten passieren. Hierher gehört auch die Verführung von Frau oder Tochter.

2. Der Beleidigte hat je nach Art der Beleidung verschiedene Rechte (II, Artikel 1 und 2) und der Beleidiger verschiedene Pflichten (III)

3. Sowohl Beleidiger als Beleidigter müssen für ihre Sache persönlich eintreten. Eine Vertretung kann nun in folgenden Fällen stattfinden:

a) Der Sohn kann für seinen beleidigten Vater eintreten, wenn der Beleidiger dem Sohne an Alter näher steht als dem Vater und dieser das sechzigste

---

*) Die einfache Drohung mit einer Tätlichkeit, beispielsweise in einem Brief oder aus der Entfernung, ist keine Beleidigung dritter Art, sondern nur eine Beschimpfung. Anders steht die Sache, wenn ein Schlag nur durch einen Willen des Angreifers unabhängigen Umstand verhindert wurde.

Lebensjahr überschritten hat.

b) Der Sohn kann, ohne Rücksicht auf das Alter des Vaters oder des Beleidigers, für seinen beleidigten Vater eintreten, wenn dieser zur Führung der Waffen physisch ungeeignet ist, sich im Recht befindet, die Beleidung nicht provoziert hat und die Beleidigung eine schwere ist.

c) Der Enkel kann die Sache seines beleidigten Großvaters zu seiner Sache machen, wenn dieser keinen Sohn im männlichen Alter besitzt und die in den zwei vorhergehenden Punkten hinsichtlich des Vaters genannten Bedingungen vorliegen. Sind jedoch Vater oder Großvater Beleidiger, so ist eine Vertretung nicht gestattet.

Der Vertreter hat immer das Recht des Beleidigten*.

4. Für eine und dieselbe Beleidigung kann nur einmal Genugtuung verlangt werden**.

---

*) In allen Fällen, wo derlei Vertretungen stattfinden, müssen die Sekundanten mit besonderer Gewissenhaftigkeit vorgehen, da der Sohn oder Enkel kaum ein ruhiger und unparteilicher Richter in der Sache seines Vaters oder Großvaters sein wird.

**) Nach dem bekannten unglücklichen Duell zwischen Armand Carrel und Emile de Girardin erhielt der letztere eine zweite Heraus-forderung derselben Sache wegen; doch Marschall Excelmans und der Deputierte Taxile Delord erklärten, dass für dieselbe Beleidigung eine Genugtuung genügend sei. Giradin wies die Herausforderung zurück und die öffentliche Meinung stimmte seiner Handlungsweise bei.

5. Wenn ein Freund oder Verwandter eines im Kampfe Unterlegenen sich an dem Sieger, der doch nur sein eigenes Leben ehrenvoll verteidigt hat, rächen wollte und diesen, um ihn zu beleidigen oder sich von ihm beleidigen zu lassen, zu einem Streite provoziert, so ist der in dieser Weise Angegriffene – mögen von dieser oder jeder Seite Beleidigungen welcher Art immer fallen – stets der Beleidigte.

6. Wenn eine Familie beleidigt wird, so kann nur ein Mitglied derselben Familie Genugtuung verlangen.

7. Wird eine Familie, ein Korps oder ein Verein beleidigt, so kann nur ein Mitglied Genugtuung ansprechen. Sollten dennoch mehrere Mitglieder eine solche fordern, so kann sie entweder der bekommen, den das Los aus ihrer Mitte bestimmt, oder aber kann sie der Beleidiger jenem geben, welcher sie zuerst verlangt hat.

8. Wenn von einer Person mehrere Personen zugleich beleidigt werden und Genugtuung verlangen, so mag das Los entscheiden, wem sie zufällt\*.

---

\*) Es soll damit, dass die Entscheidung vom Los abhängig gemacht wird, keineswegs dem Beleidiger ein Recht eingeräumt oder ein Vorteil geboten werden, welcher sich etwa darin äußern würde, dass der Beleidiger sich nicht mit dem in der Führung der Waffen bewandertsten unter den Beleidigten schlägt, sondern auch dem unbewandertsten gegenüberstehen kann. An den Beleidiger wird hier nicht gedacht, sondern nur an die Beleidigten, bezüglich welcher vorausgesetzt wird, dass sie um das Recht, Genugtuung nehmen zu können, wetteifern. Da aber nur einer Genugtuung bekommen kann, überlasse man die Entscheidung dem Lose.

9. Wer von mehreren Personen zugleich beleidigt wird, kann von derjenigen Genugtuung fordern, von welcher er will.

10. Ist eine Person in mehrere Angelegenheiten gleicher Beleidigungsart verwickelt, so soll sie diese in der Reihenfolge austragen, in welcher sie entstanden sind. Bei Angelegenheiten verschiedener Art kann der Schweren Beleidigung bei der Austragung auch der Vorrang eingeräumt werden.

11. Wenn noch einem einfachen Wortwechsel, bei dem die Regeln der guten Lebensart nicht verletzt wurden, ein Teil Genugtuung fordert, so nimmt dieser nicht die Stelle des Beleidigten und der andere jede des Beleidigers ein, sondern es muss um das Recht, welches sonst dem Beleidigten noch erster Art zukommt (die Waffenwahl), gelost werden.

12. Wer ohne genügend Grund herausgefordert wird, ist der Angegriffene, d. i. der (nach erster Art) Beleidigte*.

---

*) Da dem Beleidigten immer das Recht der Waffenwahl zukommt, hat dieser Artikel hie und da zu der irrigen Ansicht Anlass gegeben: der Geforderte habe die Wahl der Waffen!? Wenn dem so wäre, so würde eine Person, die der Pistole sicher ist, ungescheut alle Welt beleidigen können; fordert jemand Genugtuung, so wählt sie Pistolen und schießt den Beleidigten nieder. Was dieser Irrtum für den Beleidigten oft bedeuten kann, braucht wohl nicht illustriert zu werden. – Wer „Geforderter" und wer „Forderer" ist, hat nur eine formelle Bedeutung und spielt eventuell nur dann eine Rolle, wenn das Duell Gegenstand einer gerichtlichen Untersuchung wird; sonst aber handelt es sich bei demselben stet nur um die Frage, wer „Beleidigter" und wer „Beleidiger" ist.

## II.

### Rechte des Beleidigten

1. Der Beleidigte hat je nach der Art der Beleidigung folgende Rechte:

a) Bei der einfachen Beleidung: die Wahl der Waffen;

b) bei der Beleidung durch Beschimpfung: die Wahl der Waffen und (der Art) des Duells;

c) bei der Beleidigung durch Schlag: die Wahl der Waffen, (der Art) des Duells und beim Pistolenduell der Distanz.

2. Der durch den Schlag Beleidigte hat überdies das Recht, sich seiner eigenen (ihm bekannten) Waffen zu bedienen; doch stellt er dadurch dem Beleidiger frei, dass dieser auch eigene (demselben bekannte) gebrauche.

## III.

### Pflichten des Beleidigers

1. Jeder, der beleidigt, hat – vom Standpunkt der Ritterlichkeit aus betrachtet – die Pflicht, dem Beleidigten Genugtuung zu geben.

2. Genugtuungen sind nur gültig, wenn sie vor beiderseitigen Sekundanten (Vertretern, Bevollmächtigte) gegeben werden.

3. Der Beleidiger ist verpflichtet, die dem Beleidigten nach der Art der Beleidigung zukommenden Rechte anzuerkennen.

4. Die Genugtuung für die Beleidung durch den Schlag kann nur durch die Kraft der Waffen gegeben werden.

5. Die Genugtuung für die einfache Beleidigung und für jene durch Beschimpfung kann gegeben werden:

a) durch Kraft der Waffen;

b) durch die Entschuldigung.

Wenn der Beleidiger sich für das dem Beleidigten zugefügte Unrecht durch seine Sekundanten entschuldigen lässt und die gegnerischen Sekundanten die Form der Entschuldigung für genügend erachten, so ist die Genugtuung gegeben. Die Sekundanten beider Parteien haben hierüber ein Protokoll aufzunehmen, dieses in zwei Exemplaren auszustellen, jedes derselben zu datieren und gemeinsam zu unterfertigen*.

Sollte der Beleidigte eine entsprechende Entschuldigung nicht annehmen, so geht er seiner Rechte selbst als Beschimpfter verloren und es muss um das Recht der Waffengewalt gelost werden.

6. Die Erklärung, dass man einem anderen Unrecht getan, kann nie die Ehre berühren. Es soll jedoch über eine solche nie auf dem Kampfplatze, sondern immer früher verhandelt werden.

7. Im Falle, dass einer der Gegner auf dem Kampfplatze dem anderen aus eigenem Antriebe Entschuldigungen vorbringen würde und die Sekundanten der Gegenpartei diese als genugtuend annehmen, kann der Vorwurf – wenn ein solcher am Platze ist – nur den treffen, der so gehandelt hat.

Dieser Vorwurf wäre sicherlich nicht am Platze, wenn sich ein in den Waffen geübter Mann, der widerholt Proben seines Mutes ablegt, als Beleidiger vor einem in der Führung der Waffen unerfahrenen

---

*) Es sind Zweifel darüber aufgetaucht, ob man von einer in dieser Weise oder durch Erklärungen beider Gegner geordneten Ehrenaffäre sagen könne, dass sie auf „ritterlichem Wege" geordnet worden sei? Natürlich kann man das und muss es sogar sagen. In dem Moment, wo in einer Ehrenangelegenheit Sekundanten intervenieren, hat man in ihrer Austragung – zum Unterschiede vom gerichtlichen – den ritterlichen Weg eingeschlagen. Ob nun die Sekundanten die Sache friedlich beilegen oder sie mit Waffen austragen lassen, sie ist stets auf ritterlichem Wege geordnet worden.

Gegner entschuldigen würde. Eine solche Tat könnte jeder Gentlemen nur billigen. Bei einem derartigen Verhältnisse ist auch der zweite Satz des Artikels 6 aufgehoben und es ist sogar Pflicht der Sekundanten, auf dem Kampfplatze noch einen Versuch zu machen, dass die Angelegenheit auf friedlichem Wege ausgeglichen werde*.

8. Wenn die Sekundanten auf dem Kampfplatze im Namen ihres Klienten Entschuldigungen machen, so füllt der Tadel – wenn er am Platze ist – auf sie allein, denn man setzt vom ersteren voraus, dass er nur aus Nachgiebigkeit gegen jene, welche sich für seine Ehre verantwortlich gemacht haben, in die Sache eingewilligt habe.

9. Der Beleidiger kann jede nicht gebräuchliche – im zweiten Teil nicht behandelte – Art des Duells, als zu den außergewöhnlichen Duellen gehörig. Zurückweisen.

Der Beleidigte kann – soweit die Rechte des Beleidigten reichen – das Duell in keiner Weise verschärfen.

---

*) Eine kurze Aufforderung des Duelleiters zur Versöhnung pflegt bei uns jedem Waffengang vorauszugehen.

# IV.

## Beschaffenheit der Waffen

1. Das Duell hat drei Arten von Waffen:
Den Säbel,
den Degen,
die Pistole.

Jede andere Waffe gehört in die Kategorie der außergewöhnlichen Duelle.

2. Die Säbel müssen einander vollkommen gleich (Klinge, Länge, Schwere, Schwerpunktslage), die Klingen sollen gleichmäßig geschärft, gespitzt und nicht schartig sein.

Beim „Säbelduell ohne Stich" müssen die Spitzen der Klingen gleichmäßig abgeschliffen sein.

3. Die Degen müssen einander vollkommen gleich (Form, Länge, Schwere, Schwerpunktslage), die Klingen sollen gleichmäßig gespitzt und weder scharf noch schartig sein.

4. Bei den Pistolen ist zu beachten:

a) Die Läufe dürfen in ihrer Länge nicht um mehr als 3cm differieren. Es gilt dies auch nur dann, wenn den Gegnern gestattet wurde, eigene Pistolen zu gebrauchen; sonst aber müssen diese immer einem Paare angehören.

b) Die Mücken und Zielvorrichtungen auf den Läufen müssen fest und unverschiebbar sein*.

Der Gebrauch von Pistolen mit gezogenen Läufen und solcher, deren Abzug mit einem Schneller versehen ist, ist zwar (wenn eigene Pistolen benützt werden dürfen) nicht absolut ausgeschlossen, soll aber vermieden werden**.

---

*) Den Fall ausgenommen, wo die Gegner ihre eigenen Pistolen gebrauchen können, müssen die Mücken von den Läufen entfernt werden. Bei uns werden übrigens, wo es nur angeht, ganz neue, glatte einfache Pistolen ohne Mücken und sonstige Zielvorrichtungen gebraucht.

**) Pistolen mit Schneller können zu großen, folgenschweren Unregelmäßigkeiten Anlass geben, da der Schuss sehr leicht vor der Zeit abgehen kann.

# V.

## Die Forderung

1. Die Forderung kann entweder sogleich nach der Beleidigung oder später erfolgen.

2. Geschieht die Forderung sogleich, so übergibt der Fordernde dem Geforderten Namen und Adresse, was dieser in gleicher Weise erwidert. Hierauf suchen sich beide Sekundanten und schicken einander deren Namen und Adressen zu.

3. Die nachträgliche Forderung kann mündlich oder schriftlich erfolgen und wird niemals persönlich, sondern durch die Sekundanten des Fordernden an den Geforderten übermittelt*. Die mündliche Forderung soll kurz sein und das Verlangen um Genugtuung klar und einfach begründen.

Die schriftliche Forderung soll sowohl dem Tone als der Form nach mit den in der guten Gesellschaft üblichen Gebräuchen übereinstimmen und von den Sekundanten gelesen worden sein. (Siehe VI, Artikel 6.)

4. Die Sekundanten dürfen bei Gelegenheit der Forderung keinerlei Waffen bei sich haben, nur Offiziere behalten ihren Säbel.

5. Die Sekundanten haben beim Überbringen der

---

*) Doch könnte der Beleidigte, wenn er beispielsweise nicht augenblicklich Sekundanten findet und keine Zeit versäumen will, die Forderung auch persönlich in einem rekommandierten Brief oder in einer Depesche stellen.

Forderung jede Auseinandersetzung mit dem Gegner zu vermeiden und eine sogleiche Antwort zu verlangen. Würde sich letzterer trotzdem in eine Erörterung einlassen wollen, so haben die Sekundanten sich zurückzuziehen und über den Fall ein Protokoll aufzunehmen.

6. Der Geforderte muss die Sekundanten seines Gegners höflich empfangen\*, ihre Botschaft, ohne sie

---

\*) Sollte sich der Fordernde wiederholt verleugnen lassen oder in einer Wohnung unauffindbar sein, so sollen die Sekundanten ihre Karten zurücklassen und die Stunde ihres Wiederkommens angeben. Werden sie zur angegebenen Zeit abermals nicht empfangen, so sollen sie in einem mit Retourrezepisse auf die Post gegebenen Schreiben erklären, dass sie, fall ihnen binnen 24 Stunden keine Antwort zukommt, dies als eine Verweigerung der Genugtuung betrachten müssten. Bleibt ihr Brief unbeantwortet, so haben sie über den Fall ein Protokoll zu verfassen und dieses ihrem Klienten zu übergeben. Der häufig befolgte Vorgang, dass Sekundanten, um in dem erwähnten Falle den zu Fordernden aufzufinden, förmliche entdeckungsreisen unternehmen, ist unrichtig. – Ein Protokoll, worin die Sekundanten erklären, dass die Forderung direkt oder indirekt abgelehnt wurde, hat für den Forderer in der Hauptsache ganz denselben Wert, als ob er seinem Gegner mit der Waffe in der Hand gegenübergestanden wäre. Es kann daher auch nicht gutgeheißen werden, wenn jemand seinen Widersacher durch drastische Mittel, insbesondere aber durch einen gewalttätigen Akt, zum Waffengange zwingen will. Sollte die Beleidigung vor Zeugen erfolgt sein, so kann diesen das Protokoll zur Kenntnis gebracht werden. Die Veröffentlichung des Protokolls in der Presse dürfte aber nur dann zu entschuldigen sein, wenn die Beleidigung vor aller Welt geschah oder zur allgemeinen Kenntnis kam. Unter der letzten Bedingung könnte auch die Signalisierung einer ritterlichen Austragung einer Affäre in der Presse motiviert erscheinen. Die sonstigen Phasen eines Ehrenhandels gehören unter keinen Umständen in die Presse. Bei Offiziersduellen sind natürlich derlei Verwicklungen ausgeschlossen.– Duelle sind Akte der Ritterlichkeit und es wäre sehr zu verstehen, wenn Sekundanten, fall der Geforderte verheiratet ist oder in seiner Familie lebt, diesen von ihrem Erscheinen brieflich avisieren oder von ihm ein Treffen verlangen würden.

zu unterbrechen, anhören und ihnen sogleich seine Entscheidung bekanntgeben. Lautet sie dahin, dass er die Forderung annimmt, so hat er dafür zu sorgen, dass sich seine Sekundanten mit ihnen in Verbindung setzen; schlägt er hingegen die Forderung aus – motiviert oder nicht – so haben die Sekundanten hierüber ein Protokoll aufzunehmen.

7. Von der Forderung bis zur gänzlichen Austragung der Angelegenheit ist ein Verkehr zwischen den Gegnern nicht statthaft. Würden die beiden, bevor noch die Sekundanten eingegriffen, ein Zusammentreffen ausmachen und bezüglich der Bedingungen des Duells ein Übereinkommen abschließen, so ist das eine tadelnswerte Übereilung, da, abgesehen davon, dass ein solcher Vorgang die Gefährlichkeit des Kampfes nur verzögern kann, sie sich später trotz des Übereinkommens nur nach dem halten können, was die Sekundanten beschließen.

8. Die Gegner dürfen nie mit den fremden Sekundanten verkehren.

9. Eine Forderung im Namen mehrerer ist (siehe I, Artikel 7) immer zurückzuweisen.

10. Forderungen können nicht geschickt und angenommen werden: zwischen Vater und Sohn, Bruder und Bruder.

11. Der Schuldner kann den Gläubiger, solange er die Schuld nicht beglichen hat, nicht fordern. Eine

Forderung des Schuldners durch den Gläubiger ist zulässig.

12. Die Forderung kann abgelehnt werden:

a) Wenn sie von einer Person kommt, von der es allgemein bekannt ist, dass sie die Regeln und die Bedingungen des Duells verletzt hat;

b) wenn sie von einer Person kommt, von der es allgemein bekannt ist, dass sie als Sekundant Mitschuldiger bei einer Verletzung der Regeln und Bedingungen des Duells gewesen oder solche wissentlich gutgeheißen hat;

c) wenn sie von einer Person kommt, von der es allgemein bekannt ist, dass sie sich solcher Handlungen schuldig gemacht hat, die mit der Ehre unvereinbar sind.

Wenn einer der Gegner die Satisfaktionsfähigkeit des anderen unter Anführung von Tatsachen in Abrede stellt, so kann dieser die Frage einem „Ehrengerichte" zur Entscheidung vorlegen. Ein solches Ehrengericht – bestehend aus 4-12, von beiden Teilen in gleicher Anzahl freigewählten, in ihrer eigenen Ehre unantastbaren Mitglieder, die sich des Weiteren einen Präsidenten wählen – hat die Sache, bedenkend, dass ein Urteil über die ganze gesellschaftliche Existenz einer Person entscheidet, mit größter Gewissenhaftigkeit und Gründlichkeit zu untersuchen und dann mit Stimmenmehrheit zu urteilen. Das Urteil, dessen bedingungslose Annahme Sekundanten und Parteien schon vor Beginn der Verhandlungen schriftlich erklärt haben müssen, wird diesen schriftlich ausgefolgt. Die Gegner werden vor dem Ehrengericht durch ihre Sekundanten vertreten. Die dem Ehrengericht vorzulegenden Fragen sollen kurz gefasst sein, ähnlich wie das einer Motivierung nicht bedürftige Urteil des Ehrengerichtes*.

13. Jeder Beleidigte, der gegen den Beleidiger klagbar auftritt, verliert das Recht zum Fordern einer ritterlichen Genugtuung. Dieses Recht bleibt selbst dann verloren, wenn die Klare zurückgezogen wird; doch ist es in letzterem Falle dem Beleidiger freigestellt, die Forderung anzunehmen oder nicht.

14. Die Forderung muss längstens 24 Stunden nach der Beleidigung oder nachdem die Beleidigung dem Beleidigten zur Kenntnis gelangt ist, erfolgt sein.

Für die Antwort ist – gerechnet vom Empfange der Forderung – dieselbe Zeitfrist gegeben.

---

* Die Satisfaktionsfähigkeit eines Offiziers kann nicht in Zweifel gezogen werden; in dieser Beziehung kann also ein Ehrengericht nicht verhandeln. Das wäre aber auch nicht notwendig, da ein Offizier, dessen Satisfaktionsfähigkeit angezweifelt würde, den Fall ohnedies dem Militärehrenrate vorlegen würde. – Im Sinne der Vorschrift für das ehrenrätliche Verhalten im k. u. k. Heere (1908) „Dürfen sich aktive Offiziere (Offiziersaspiranten) an sogenannten gemischten Ehrengerichten, die zum Teil aus Offizieren, zum Teil aus Zivilpersonen bestehen, nicht beteiligen". – Wenn man die Satisfaktionsfähigkeit einer Person anzweifelt, ist man natürlich verpflichtet, dem Wunsche derselben, dass ein Ehrengericht über die Sache entscheide, nachzukommen.

Verzögerungen sind nur zu berücksichtigen, wenn sie hinreichend begründet werden können.

15.  Wenn die Sekundanten aus wichtigen Gründen nichts andere beschließen oder nicht besondere Verwicklungen eingetreten sind, soll das Duell im Verlaufe von 48 Stunden nach erfolgter Forderung stattgefunden haben.

16.  Differenzen zwischen Offizieren, die vor dem Feinde stehen, werden erst nach Friedensschluss ausgerichtet.

# VI

## Die Sekundanten und ihre Pflichten

Da nach geschehener Forderung der Verkehr zwischen den Gegnern ausgeschlossen ist und die Verhandlungen nur von den Sekundanten* geführt werden, welchen beide ihre Ehre und ihr Leben anvertrauen, so ist die richtige Wahl der Sekundanten von außerordentlicher Wichtigkeit.

Leider aber wird in dieser Richtung oft mit einem ans Unglaubliche grenzende Leichtsinne vorgegangen. Anstatt dass man sich an ernste, erfahrene Freunde wendet, nimmt man die Dienste Erstnächster in Anspruch, der häufig nicht nur die wichtigsten Pflichten eines solchen Amtes nicht kennt, sondern nicht einmal über die gesellschaftlichen Auffassungen und die ersten Regeln des Duells auch nur halbwegs im Klaren ist. So kommt es dann, dass Affären, welche von pflichtbewussten, erfahrenen Männern als gegenstandslos erklärt worden wären,

---

*) In Frankreich nennt man die Vertreter der Gegner „Zeugen", während es bei uns allgemein üblich ist, sie – wie in der Zeit, als sie auch mitzukämpfen hatten – „Sekundanten" zu nennen. Doch pflegt man bisweilen auch bei uns den Ausdruck „Zeugen" zu gebrauchen, der aber dann eine ganz eigene Bedeutung hat. Es sind nämlich Fälle vorgekommen, dass einzelne, von Nichtsatisfaktionsfähigen gefordert, sich diesen mit den Waffen dennoch gegenüberstellten, jedoch, um zu zeigen, dass sie den Kampf deshalb keineswegs als Genugtuung ansehen, anstatt die Dienste von Sekundanten in Anspruch zu nehmen, einfach nur mit „Zeugen" auf dem Kampfplatze erschienen, welche weiters nichts zu tun hatten, als darauf zu sehen, dass der Kampf nach den gebräuchlichen Regeln stattfinde.

sich oft zu Katastrophen entwickeln.

Dorthin, wo ein schlechtbetontes Wort, eine Überleitung, ein Irrtum, eine Vergesslichkeit oder eine geringfügige Nachlässigkeit den Tod eines Ehrenmannes bedeuten kann, dorthin gehören nur Männer, die ihren Platz vollständig auszufüllen im Stande sind. Nicht die Kugeln, nicht die Klingen sind es, die töten: die Sekundanten sind´s!

Würden die Sekundanten ihre Pflichten immer genau auffassen und sich insbesondere vor Augen halten, dass ihr Mandat nicht das bedeutet, einen Kampf zu inszenieren, sondern dass zu diesem erst zu schreiten ist, wenn alle anderen Wege zum ehrenvollen Ausgleiche der Differenzen sich als vergeblich erweisen, so würde mancher traurige Fall erspart bleiben, ohne dass dabei die Ehre jemandes zu kurz käme. Man kann es mit vollem Recht behaupten, dass, falls man bei der Wahl der Sekundanten immer richtig vorginge, von den Duellen, welche stattfinden, sich nicht die Hälfte als notwendig erweisen würde.

Möge es daher jedermann genau überlegen, wem er die Ehre und Leben anvertraut, und möge sich ebenso jeder Sekundant genau vergegenwärtigen, dass er sein Amt freiwillig übernommen hat und dass mit demselben ernste Pflichten verbunden sind, für deren gewissenhafte Erfüllung er dem Freunde, dessen Familie und der Gesellschaft verantwortlich ist.

◊◊◊

1. Jeder Gegner hat sich bei allen Duellen zwei Sekundanten zu wählen.

2. Zur Übernahme der Sekundantenrolle können nicht zugelassen werden:

a) Personen, die bei den in I, Artikel 7, 8, 9, und 10 behandelten Fällen und überhaupt an der Affäre in irgendeiner Art beteiligt sind;

b) Personen, von denen es allgemein bekannt ist, dass sie die Regeln und Bedingungen des Duells verletzt haben;

c) Personen, von denen es allgemein bekannt ist, dass sie als Sekundant Mitschuldige bei einer Verletzung der Regeln und Bedingungen des Duells gewesen sind oder eine solche wissentlich gutgeheißen haben;

d) Personen, von denen es allgemein bekannt ist, dass sie sich solcher Handlungen schuldig gemacht haben, die mit der Ehre unvereinbar sind.

3. Ein Vater, ein Bruder oder Sohn, überhaupt ein Verwandter in ersten Grade, kann weder für noch gegen seinen Verwandten sekundieren.

4. Die Sekundanten dürfen nie mit dem Gegner selbst, sondern nur mit dessen Sekundanten verkehren.

5. Es steht jeden Gegner frei, sich bei seinen Sekundanten für ihre Dienste zu bedanken und andere zu wählen.

Umgekehrt können auch die Sekundanten ihr Amt niederlegen; doch dürfen sie etwaige Schwächen desjenigen, der sein Vertrauen in sie gesetzt hatte, nicht verraten.

Der Wechsel der Sekundanten, welcher jedoch nur vor dem Kampfe am Platze ist, ist vom Streitenden unverzüglich den Sekundanten des Gegners zu notifizieren, ebenso hat er ihnen dann seine neue Wahl bekanntzumachen und zu veranlassen, dass dieselben von seinen neuen Sekundanten aufgesucht werden.

6. Die Sekundanten der Geforderten haben jene Fordernden aufzusuchen oder sich von diesen brieflich eine Zusammenkunft zu erbitten*.

Erfolg die Forderung (nach V, Artikel 2) persönlich, so haben die Sekundanten der Fordernden jene der Geforderten aufzusuchen oder von ihnen eine Zusammenkunft zu verlangen.

7. Die Sekundanten müssen sich, bevor sie sich zur Beratung der Angelegenheiten vereinigen, von ihren Klienten genau informieren lassen.

8. Haben die Sekundanten die Informationen und Instruktionen ihrer Klienten empfangen, so treten sie zusammen, um über die Angelegenheit gemeinsam zu beraten.

Nachdem Sie die vorläufigen Fragen hinsichtlich

---

*) In Frankreich ist es umgekehrt; bei uns hat sich aber dieser Gebrauch eingebürgert, der übrigens der entsprechendere ist.

der Identität der Gegner in Bezug auf die Beleidigung\*, des Alters, des physischen und moralischen Zustandes der Person erledigt haben, müssen sie mit der größten Gewissenhaftigkeit dahin wirken, dass nicht nur die Tatsachen, sondern auch die Motive derselben vollkommen klar zutage treten. Sie dürfen zu diesem Zwecke nichts vernachlässigen und können, um sich besser zu informieren, die Sitzung auch unterbrechen.

9. Sie die Tatsachen ermittelt, so wird festgestellt, ob diese wirklich eine Beleidigung involvieren, und wenn dies der Fall ist, worin die eigentliche Beleidigung besteht und welcher der drei Arten sie angehört.

Wären beiderseits Beleidigungen gefallen, so sind sämtliche festzustellen und zu klassifizieren, und es ist dann nach I, Artikel 1, zu entscheiden, wer rechtlich als der Beleidigte anzusehen ist.

10. Die Sekundanten müssen nun alles tun, um die Angelegenheit möglichst auf friedlichem Wege und für beide Teile ehrenvoller Weise zu ordnen. (Siehe III, Artikel 5.)

11. Kommen die Sekundanten zu der Überzeugung, dass die Sache auf friedlichem Wege nicht in Ordnung zu bringen ist, so bestimmen sie gemäß dem Verlangen der Partei, welche die Wahr der Waffen hat, die Art

---

\*) Oft ist gar nicht derjenige der Beleidigte, welcher sich beleidigt wähnt, und auch bezüglich der Person des Beleidigers kann ein Irrtum obwalten.

der Waffen und einigen sich – mit Berücksichtigung der eventuellen Rechte des Beleidigten (siehe II, Artikel 1 & 2) – über die Art des Duells und die Distanz\*.

12. Die Sekundanten müssen die Verhandlungen so zu führen trachten, dass sich für ihre Klienten so wenig Nachteil als möglich ergebe; doch sollen sie immer ritterlich vorgehen, das heißt nämlich ehrlich, gerecht und human sein und einander gentlemenlike handeln\*\*.

13. Können sich die Sekundanten nicht einigen, so sollen sie einen in Ehrensachen allgemein als Autorität anerkannten und erfahrenen Mann als Schiedsrichter wählen und sich dem Ausspruch desselben unterwerfen\*\*\*.

---

\*) Wenn die Sekundanten über die Distanz nicht übereinkommen können, so sollen sie über die zwei Vorschläge das Los entscheiden lassen oder aber das arithmetische Mittel nehmen.

\*\*) Gentlemen werden einander nie zu übervorteilen trachten und von dem Gegner ihre Klienten niemals eine auch nur um einen Gedanken größere Satisfaktion oder Konzession verlangen, als unbedingt notwendig ist.

\*\*\*) Sie können eventuell auch an ein „Duellgericht" oder „Waffengericht" appellieren, in welches jede Partei eine große Anzahl Vertrauensmänner entsendet, die dann noch einen Präsidenten wählen. Es mag da ein ähnlicher Vorgang befolgt werden, wie für das „Ehrengericht" (V, Artikel 12) angegeben. Es kommt auch vor, dass nachdem die Sekundanten des Geforderten, im Gegensatze zu jenen des Fordernden, der Ansicht sind, die beanstandete Handlung involviere keine Beleidigung und sei keine solche, welche ein Duell zur Folge haben müsse, die Sekundanten im gegenseitigen Einverständnisse die Frage, ob hier ein Duell nötig sei oder nicht, einem solchen „Duellgericht" zur Beantwortung vorlegen.

14. Haben die Sekundanten endlich alles, was auf den Kampf Bezug hat, vereinbart, so bestimmen sie Ort, Tag und Stunde* des Zusammentreffens, machen ihre Klienten mit den getroffenen Vereinbarungen bekannt, versichern sich der Zustimmung derselben und lassen sie angeloben, dass sie sich ehrlich nach den Festsetzungen halten werden.

15. Wenn sich die Gegner weigern, die Gründe ihres Streites den Sekundanten bekanntzugeben, so sollen diese, falls sie es nicht verziehen zurückzutreten, nur dann einen Kampf zulassen, wenn beide auf ihre Ehre erklären, dass ihre Zurückhaltung durch nichts anderes als durch eine von den Verhältnissen diktierte Diskretion bestimmt wird.

16. Wenn es sich um eine ernste Sache handelt, die Beleidigung klar aufliegt und die Gegner, bevor sie sich noch an die Sekundanten gewendet, über Waffen, Art des Duells, Distanz, Ort und Zeit des Rendezvous

---

*) Die geeignetsten Zeiten für Duelle sind die frühen Nachmittagsstunden; keineswegs aber sind die frühen Morgenstunden zu empfehlen. Keine Partei braucht auf dem Kampfplatz länger als eine Viertelstunde auf den Gegner zu warten. Ist diese Zeit verstrichen, so kann man sich entfernen und die Sekundanten haben über den Fall ein Protokoll aufzunehmen. Sollte der streitende, besonders bei abnormalen Witterungsverhältnissen, wie große Hitze oder Kälte, länger warten wollen, so müssen ihn die Sekundanten, selbst unter Androhung, dass sie ihr Mandat niederlegen, zum Verlassen des Platzes veranlassen. Sehen die Sekundanten der Partei, dass sie die vereinbarte Stunde aus irgend einem wichtigen Grunde nicht einhalten können, so ist es ihre Pflicht, die Gegensekundanten davon rechtzeitig zu verständigen und das Zusammentreffen auf eine spätere Stunde oder auf den nächsten Tag zu verlegen.

übereingekommen sind, so können die Sekundanten, nachdem sie ihr Recht der Kontrolle geübt, das Übereinkommen, wenn sie wollen, gutheißen. Sie haben dann einfach nur dafür zu sorgen, dass der Kampf regelrecht vor sich gehe.

17. Die Sekundanten eines jungen Mannes dürfen nie gestatten, dass sich dieser mit einem Manne schlägt, der das sechzigste Lebensjahr überschritten hat, außer er wäre von diesem nach dritter Art beleidigt worden. Aber auch in diesem Falle ist es notwendig, dass der Beleidiger, wenn dieser fordert, dies schriftlich tue oder die Annahme der Forderung des jungen Mannes schriftlich bestätige. Die Weigerung zu schreiben, ist als Duellverweigerung zu betrachten; die vereinten Sekundanten haben hierüber ein Protokoll aufzunehmen, welches der verletzten Ehre des jungen Mannes genügen muss.

18. Kein Sekundant darf ein Duell „auf Tod und Leben" vorschlagen oder ein solches annehmen; aber die Sekundanten können, wenn es sich um eine ernste Sache handelt, vereinbaren, dass der Kampf nach einer Verwundung erneuert werde, ja selbst erst mit der Kampfunfähigkeit\* eines der Kämpfers sein Ende finde.

---

\*) Die Kampfunfähigkeit beginnt dort, wo der Kämpfer derart verwundet ist, dass er dem anderen gegenüber sich im Zustande der Inferiorität [Unterlegenheit] befindet.

Bei einer Beleidigung dritter Art können die Sekundanten mit Zustimmung der Gegner unter Umständen auch gestatten, dass die Waffen gewechselt werden*.

19. Die Sekundanten dürfen niemals gestatten, dass sich ein Fechtmeister auf seine professionelle Waffe schlage, er wäre denn nach dritter Art beleidigt

---

*) Es heißt, dass so viel, dass man noch einem erfolglosen Pistolenduell mit dreimaligem Kugelwechsel, wo es sich gewiss um eine sehr schwere Beleidigung handelt, den Kampf eventuell mit Säbeln fortsetzen könne. Doch hat ein in Budapest aus bekannten Gentlemen zusammengesetztes Ehrengericht sich dahin ausgesprochen, dass ein solches Duell zu den „außergewöhnlichen Duellen" gehört und daher refusiert werden könne. Dem gegenüber wird in einer, 1900 von den Fürsten Georg Didesco und Fery D´Esclands, zwei in Frankreich in ritterlichen Fragen große Autorität besitzende Gentlemen, veröffentlichten Schrift: „Conseils pour les duels", die Regel lanciert, dass jedem Pistolenduell, welches zu keinem Resultat führt – sie kennen höchstens zwei Kugelwechsel – ein Duell mit blanker Waffe zu folgen habe. Die Autoren treten nämlich dafür ein, dass kein Duell unblutig verlaufen dürfte, welcher Forderung ein Pistolenduell jedoch nicht unbedingt Genüge zu leisten vermag. Dieser Vorschlag ist indessen, trotzdem zahlreiche hervorragende Persönlichkeiten der französischen Gesellschaft, so u.a. die Preinzen de Chartres, Henri d´Orleans, Roland Bonaparte, Fürst Lucien Murat, der gewesene Präsident der Republik Casimir-Périer, der gewesene Präsident der Kammer Paul Deschanel, mehrere aktive Generale, Senatoren und Deputierte, demselben ihre Signatur gaben, großem Widerspruch begegnet. Und das mit vollem Rechte, denn wenn es die Sekundanten in außerordentlichen Fällen auch nach Chatauvillard zulassen können, dass einem erfolglosen Pistolenduell ein Duell mit Säbeln oder Degen folge, so ist dies keinesfalls auf die Intention zurückzuführen, dass bei jeden Duell Blut zu fließen habe; kann doch nach Chatauvillard, wenn sich die Gegner brav geschlagen haben, selbst ein Duell mit blanken Waffen ohne Verwundung abgeschlossen werden. Die proponierte Regel steht übrigens auch mit der auch von den beiden fürstlichen Autoren formulierten ersten aller Duellregeln in Widerspruch: dass der Beleidigte die Wahl der Waffe hat.

worden. In diesem Ausnahmefalle soll der Fechtmeister die Wahl der Waffen seinem Gegner überlassen. Dieses Opfer wird den Lehrern der Fechtkunst von der Würde ihres Berufes auferlegt.

20. Die Sekundanten können den Säbel oder Degen verweigern:

a) Wenn ihr Klient erwiesenermaßen einen derartig strupierten Arm hat, dass er die Waffe nicht führen kann;

b) wenn der Klient den rechten Arm oder ein Bein verloren hat.

Haben solche Personen jedoch nach dritter Art beleidigt, so entfällt die Gültigkeit dieser zwei Punkte.

Überdies hat in allen Fällen, wo diese Verweigerung Platz greift der Beleidigte – bei jeder Art der Beleidigung – das Recht, die Art und Distanz des Pistolenduells zu bestimmen.

21. Die Sekundanten eines Einäugigen können, wenn er nicht nach dritter Art beleidigt hat, das Pistolenduell verweigern.

22. Die Sekundanten können, wenn ihr Klient nicht nach dritter Art beleidigt hat, das „Pistolenduell auf Signal" stets zurückweisen.

23. Die Sekundanten sollen nie vereinbaren, dass die Klinge mit der linken Hand pariert werden dürfe.

24. Die Sekundanten sollen sich verständigen, ob man die Kampfenden, um Atem zu schöpfen, anhalten

lassen werde. Die Ruhepausen dürfen nie länger als 10 Minuten währen*.

25. Die Sekundanten können bei Angelegenheiten minder ernster Natur übereinkommen, dass das Duell mit der ersten Verwundung sein Ende finde.

26. Die Sekundanten können, wenn sich die Gegner wacker geschlagen haben und die Natur der Angelegenheit sowie die Vereinbarungen es zulassen, den Kampf in gegenseitigem Einvernehmen auch ohne Verwundung für beendet erklären; doch ist dazu die Einwilligung der Gegner erforderlich.

27. Die Sekundanten haben für die Waffen zu sorgen und müssen dieselben, ehe sie sich auf den Kampfplatz begeben, sorgsam untersuchen, ob sie den in IV, Artikel 1-4, angegebenen Bedingungen entsprechen**.

Die Waffen müssen, ausgenommen die höchst seltenen Fälle, wo sich die Gegner ihrer eigenen bedienen können, diesen absolut unbekannt sein. Sie werden von den Sekundanten auf den Kampfplatz gebracht und dort den Gegnern erst bei Beginn des Kampfes übergeben.

---

*) Dieser und der vorhergehende Punkt kommen hauptsächlich bei dem bei uns nicht gebräuchlichen Degenduell zur Geltung.

**) Auf diese Untersuchung der Waffen ist ein besonderes Gewicht zu legen; denn würde es sich auf dem Kampfplatze, wo sie nochmals untersucht werden, herausstellen, dass sie nicht vollkommen kampfgeeinget sind, so müsste das Duell verschoben werden.

28. Die Sekundanten haben für ärztlichen Beistand zu sorgen; es soll jede Partei ihren Arzt mitbringen.

29. Der Kampf soll 10 Minuten nach dem Zusammentreffen auf dem Kampfplatze begonnen haben.

30. Die Sekundanten sind für alles, was auf das Duell, dem sie beiwohnen, Bezug hat, verantwortlich.

31. Wenn beim Kampfe die vereinbarten Regeln verletzt werden, beim Säbel- oder Degenduell eine Verwundung, eine Desarmierung oder ein Fall stattfindet, müssen die Sekundanten, selbst mit Gefährdung ihres eigene Lebens dem Kampfe augenblicklich Einhalt tun*.

32. Sind die Kampfregel verletzt worden, so müssen die Sekundanten den Tatbestand zu Protokolle nehmen und haben, wenn dadurch eine Verwundung oder Tötung erfolgt, gegen den Urheber die gerichtliche Verfolgung unverweilt einzuleiten.

33. Die Sekundanten einer Partei, gegen welche eine Klage auf Verletzung der Kampfregeln oder auf Meuchelmord erhoben wird, sind mit ihrer Ehre verpflichtet, die Wahrheit anzugeben. Diese Schuld ihres Klienten kann übrigens nicht auf sie zurückfallen,

---

*) Wenn eine Waffe während des Kampfes unbrauchbar werden sollte, so haben, ausgenommen den Fall, wo sich beide Gegner ihrer eigenen Waffen bedienen, beide Kämpfer neue Waffen zu bekommen, da diese immer einem Paar anzugehören haben.

es wäre denn, dass sie sich als nachlässig oder als Mitschuldige erwiesen hätten.

34. Kein Sekundant kann ein unmittelbares Duell (gleich auf dem Kampfplatze) annehmen. Eine solche Herausforderung ist eine ganz neue Affäre.

35. Sekundanten, welche aus Anlass eines Ehrenhandels, bei dem sie mitwirken, oder eines Duells, dem sie beiwohnen, von anderen Sekundanten gefordert werden, haben, wenn bei der Erörterung, welche zu der Herausforderung Anlass gegeben, das Recht auf ihrer Seite war, alle Rechte des nach dritter Art Beleidigten.

36. Die Sekundanten haben sich jeder Erörterung der Angelegenheit, bei der sie beteiligt gewesen, insbesondere aber jeder Polemik im Wege der Presse zu enthalten.

37. Wenn die Sekundanten gerichtlich interpelliert werden, haben sie die an sie gerichteten Fragen wahrheitsgetreu zu beantworten*.

---

*) Von den weiteren Pflichten des Sekundanten wird bei der Beschreibung der verschiedenen Duelle gesprochen.

# ZWEITER TEIL
## I.

**Das Säbelduell**

Es gibt zwei Arten des Säbelduells;
1. Das Säbelduell ohne Stich;
2. das Säbelduell mit Stich.

**1. Das Säbelduell ohne Stich**

Dieses Säbelduell, bei welchem nur der Hieb gestattet ist, ist das bei uns zumeist gebrauchte und ist minder ernst als jenes, wo neben dem Hauen auch gestochen werden darf. Die Regeln desselben sind in der Reihenfolge, in der sie zur Anwendung kommen, in den nachfolgenden Artikeln enthalten:

1. Auf dem Kampfplatze angekommen, haben die Gegner wie Sekundanten einander höflich zu grüßen. Erstere müssen sich vollkommen schweigsam verhalten.

2. Der älteste der Sekundanten hat unter Beihilfe des ältesten Sekundanten der Gegenpartei den Kampf zu leiten. Die anderen unterstützen sie in der Druchführung ihrer Aufgabe.

3. Nachdem die Sekundanten den Platz ausgesucht, der am ebensten und für den Kampf am geeignetsten

ist*, bezeichnen sie die Standplätze. Diese sollen möglichst gleichmäßig und voneinander so weit entfernt sein, dass, wenn die Kämpfer im Ausfalle liegen, die Säbelspitzen noch einen Meter voneinander abstehen.

4. Die Sekundanten losen um die Standplätze.

5. Die Gegner werden ersucht, Röcke und Westen abzulegen und die Sekundanten können sich überzeugen, ob sich nicht etwa auf der Brust des Gegners ein fester Gegenstand befindet, der den Hieb parieren könnte. Diese Untersuchung verweigern, hieße das Duell verweigern**.

6. Der Sekundant, welcher den Kampf leitet, lässt hierauf durch seinen Gehilfen die vereinbarten Bedingungen des Kampfes vorlesen*** und sagt so-

---

*) Unsere Säbelduelle finden in der Regel in größeren geschlossenen Räumen, zumeist in Fechtsälen, statt. Die Öffentlichkeit ist ausgeschlossen, doch kann außer den Beteiligten noch ein Meister, dem der Saal gehört, anwesend sein. Man soll das Duell nie in einem Fechtsaale stattfinden lassen, welcher nur dem Gegner bekannt ist, das heißt, in welchem dieser bereits gefochten hat, da hierdurch der andere benachteiligt wäre.

**) Für gewöhnlich werden auch die Hemden abgelegt, doch ist dies keineswegs Bedingung. Die Hemden sollten nicht gestärkt sein.

***) Die Vereinbarungen des Duells werden zwar meist nicht vorgelesen, sondern nur aus dem Gedächtnisse, und zwar durch denjenigen, welcher den Kampf leitet, vorgesagt; doch ist die Sitte des Vorlesens durch den Gehilfen korrekter, da hierdurch jeder Vergesslichkeit oder Übereilung, woraus besonders bei Pistolenduellen leicht große Unregelmäßigkeiten und Verwicklungen entstehen können, vorgebeugt, weiters aber auch die Würde des Kampfes für die beleidigte Ehre entsprechender zum Ausdruck gebracht wird.

dann: „Sie haben, meine Herren, die von Ihren Sekundanten festgesetzten und von Ihnen gutgeheißenen Bedingungen des Kampfes soeben gehört – geloben Sie, diese ehrlich zu erfüllen?"

Nachdem die Gegner der Frage zugestimmt*, fährt er fort: „Ich mache Sie, meine Herren, aufmerksam, dass Sie, bevor ich ‚Los!' gesagt, nicht vorgehen und die Säbel kreuzen dürfen, und dass Sie bei Ihrer Ehre verpflichtet sind, auf das ‚Halt!' irgend eines der Sekundanten augenblicklich stillzuhalten."

7. Die Gegner werden hierauf durch zwei jüngere Sekundanten (jeder durch den seinen) auf die ihnen durch das Los zugefallenen Plätze geführt.

8. Die Sekundanten untersuchen nochmals gemeinsam die Säbel, ob diese für den Kampf geeignet sind**.

Nun losen sie, welcher der Gegner unter den Säbeln wählen dürfe; dann werden diesen den Streitenden überreicht.

9. Der nach dritter Art Beleidigte kann seinen eigenen Säbel gebrauchen, doch muss er dann seinem Gegner einen davon frei anbieten, welches Anerbieten letzterer ausschlagen und andere, auch seine eigenen, benützen darf.

Offiziere derselben Waffengattung können sich in

---

*) Sollten die Gegner oder einer derselben wider Erwarten Schwierigkeiten machen, so sind solche stets an Ort und Stelle zu beheben.

**) Es ist ratsam, die Säbel an Ort und Stelle zu desinfizieren.

ersten Fällen auch ihrer eigenen vorschriftsmäßigen Säbel bedienen.

In beiden Fällen müssen die Waffen von den Sekundanten untersucht und für den Kampf geeignet befunden worden sein.

10. Die Benützung von Fechthandschuhen ist Gegenstand eines gegenseitigen Übereinkommens. Wurde ein solches getroffen, so steht es jedem Gegner frei, den Handschuh für seine Person zu gebrauchen oder nicht*.

Einen gewöhnliches oder Diensthandschuh zu benützen, ist immer gestattet.

11. Jeder der Gegner hat das Recht, sich das Handgelenk mit einem Taschentuch zu umwickeln; doch dürfen die Enden desselben nicht flattern**.

12. Nachdem die Säbel übergeben wurden, stellen sich die Sekundanten an beide Seiten der Gegner, und zwar so, dass jeder der letzteren einen eigenen und einen fremden Sekundanten neben sich habe.

---

*) Der Kampf mit Fechthandschuhen ist ernster als ohne solche, da eine leichte Verwundung der Hand oder des Unterarms, welche den Kampf sonst beendigen kann, in diesem Falle schwerer möglich ist.

**) Von welcher Wichtigkeit und wie wohlerwogen selbst die geringste der Duellregeln ist, zeigt am besten der zweite Satz des Artikels. Von wie bedeutenden Folgen könnte es beispielsweise begleitet sein, wenn die Enden eines solchen, zum Schutze der Pulsader dienenden Tuches mit oder ohne Absicht des Kämpfers flattern würden. Dieser Umstand allein könnte einen großen Vorteil auf die eine Seite bringen, denn das flatternde Tuch würde unbedingt den Blick der Gegner, der doch nur in das fremde Auge versenkt sein soll, stören oder vielleicht ganz auf sich ziehen.

Sie sollen ebenfalls mit Säbeln bewaffnet sein, doch genügt es, wenn nur der Leiter des Duells und sein Gehilfe welche haben, in welchem Falle sich die anderen mit stärkeren Stöcken versehen müssen. Der Gebrauch von Degenstöcken ist untersagt.

Die Sekundanten stehen so, dass sie die freie Bewegung der Kämpfenden nicht beirren (etwa auf 2 Meter von diesen) und halten die Säbelspritzen oder Stockenden zu Boden gesenkt. Sie sollen Schweigen bewahren, sich jeder Gebärden enthalten, die Kämpfenden aufmerksam beobachten und müssen, sobald sie die geringste Unregelmäßigkeit bemerken, dem Kampfe augenblicklich Einhalt tun. (Siehe 1 Teil, VI, Artikel 31.)

13. Wenn sich die Sekundanten aufgestellt haben, kommandiert jener, dem die Leitung des Kampfes obliegt: „Los!"

14. Sollten sich die Klingen, bevor das Zeichen erfolgt ist, durch Willkür der Gegner berühren, so sind sie zu trennen; derjenige, welcher die Übereilung begangen, ist durch seine Sekundanten zu verweisen, worauf der Kampf regelgerecht beginnen zu lassen ist.

15. Wenn das Zeichen gegeben ist, dürfen die Gegner einander angehen. Sich bücken, nach rechts oder links werfen, den Gegner von welcher Seite immer angreifen, ist den Regeln gemäß gehandelt*.

---

*) Das Ausnehmen der Hiebe auf edlere Körperteile ist nicht gebräuchlich. In neuerer Zeit werden Handgelenke und Hals bandagiert und zumeist werden auch Achsel- und Bauchbandagen benützt.

Sich der Spitze des Säbels zu bedienen, ist strengstens verboten. Ein solches Vergehen wäre – da der Gegner sich gegen den Stich nicht schützt – gleichbedeutend mit Meuchelmord.

16. Die Klinge mit der freien Hand zu parieren, ist nicht gestattet*.

17. Im Falle der Bestimmung des vorhergehenden Artikels durch einen der Kampfer verletzt würde, können die Sekundanten fordern, dass die Hand desselben in einer Weise befestigt werde, welche eine Wiederholung dieser Unregelmäßigkeit ausschließt.

18. Es ist tadelnswert und gegen die Regeln, auf den entwaffneten oder gestürzten Gegner zu hauen, des Gegners Körper, Hand oder Säbel zu erfassen.

19. Ein Kämpfer ist als entwaffnet zu betrachten, wenn der Säbel seine Hand verlässt oder ersichtlich nicht mehr fest in ihr liegt.

20. Wenn einer der Kämpfer sich als verwundet erklärt oder ein Sekundant dies bemerkt, ist der Kampf augenblicklich einzustellen.

Wurde vereinbart, dass der Kampf mit der ersten Verwundung zu enden habe, so ist er nun beendet.

Sind die Vereinbarungen schärfer, so kann der Kampf erneuert, nach der nächsten wieder eingestellt

---

*) Es ist die Frage aufgeworfen worden, ob man den Säbel mit der linken Hand führen dürfe? Zweifellos, doch sollen hiervon die gegnerischen Sekundanten in vorhinein avisiert werden.

und dieser Vorgang insolange befolgt werden, bis den Bedingungen nach Ansicht der Sekundanten Genüge getan ist. Die Kampffähigkeit wird bei Hiebwunden von den Sekundanten beurteilt*.

21. Wenn, nachdem der Kampf wegen Verwundung unterbrochen wurde, der Verwundete sich auf seinen Gegner stürzt, so ist er zurückzuhalten und von seinen Sekundanten strengstens zu verweisen. Sollte sich jedoch der Unverwundete auf den Gegner werfen, so müssen die Sekundanten, nachdem sie ihn zurückhalten, dies für eine Verletzung der Duellregeln erklären und den Fall gemeinsam zu Protokoll nehmen.

22. Wegen Verwundung, Entwaffnung oder Fall kann (und soll) jeder der Sekundanten den Kampf durch sein „Halt!" einstellen; wenn einer diesen jedoch aus einem anderen Grund, vielleicht weil er die Kämpfer ermüdet glaubt, anhalten will, so muss er stets vorher seine Absicht der Gegenpartei andeuten. Er hebt zu diesem Zwecke seine Waffe in die Höhe, worauf dann einer der Gegensekundanten, wenn er einverstanden ist, entweder seine Waffe als bejahende Antwort erhebt, oder gleich selbst „Halt!" ruft**.

---

*) Natürlich unter Beiziehung des Arztes, doch pflegen sich die Sekundanten der Ansicht der Ärzte zu fügen.
**) Wenn in einem geschlossenen Raum gekämpft und einer der Kämpfer an die Wand gedrängt wird, so ist das ein Fehler und es darf deswegen, wie es häufig geschieht, der Kampf keineswegs unterbrochen werden. Ebenso ist es auch gegen die Regeln und eine eigenmächtige Schädigung des Gegners, wenn Sekundanten während des regelrechten Kampfes gegen ihre Klienten gerichtete Hiebe auffangen.

23. Wenn der Kampf aus irgendeinem Grunde eingestellt wird, müssen die Sekundanten, sobald das Kommando erfolgt ist, augenblicklich an die Seite der Kämpfer treten, sie trennen, zurücktreten und die Klingen absenken lassen. Die zwei jüngeren Sekundanten bleiben dann bei ihren Klienten und überwachen\* diese, während die älteren die Verhandlungen zu leiten haben.

Die Gegner aber, selbst wenn einer den anderen verwundet glaubt, haben insolange in „Stellung" zu bleiben, bis sie von ihren Sekundanten eines anderen avisiert werden.

24. Wird der Kampf nach einem „Halt!" fortgesetzt, so hat er immer von Anfang zu beginnen, d.h. die Gegner sind wie das erste Mal anzustellen und dürfen einander erst auf das erneuerte „Los!" des Kampfleiters angehen.

25. Wenn einer der Gegner gegen die Kampfregeln oder getroffenen Vereinbarungen verwundet oder getötet wurde, müssen sich die Sekundanten ohne Verzug nach dem 1. Teil, VI, Artikel 32 und 33 , enthaltenen Vorschriften richten.

---

\*) Die sicherste Überwachung kann in der Weise erzielt werden, dass sich die Sekundanten ihrer Klienten beinahe gegenüberstellen, so dass beide Sekundanten zwischen sich haben.

## 2. Säbelduelle mit Stich

Bei diesem Duell sind sowohl der Hieb wie der Stich erlaubt. Die Regeln desselben sind bis auf die folgende Abweichung, dieselben wie jene des „Säbelduells ohne Stich":

Nach einer Verwundung durch Stich kann der Kampf nur mit Einwilligung des Verwundeten – die er durch seine Sekundanten aussprechen lässt – fortgesetzt werden, da bei derlei Wunden die Kampffähigkeit vom Verwundeten selbst am richtigsten beurteilt werden kann.

## II.

### Das Degenduell

Diese in Frankreich und Italien allgemein gebräuchliche Duell kommt bei uns wohl kaum zur Anwendung*.

1. Auf dem Kampfplatze angekommen, haben die Gegner wie Sekundanten einander höflich zu grüßen. Erstere müssen sich vollkommen schweigsam verhalten.

2. Der älteste der Sekundanten hat unter Beihilfe des ältesten Sekundanten der Gegenpartei den Kampf zu leiten. Die anderen unterstützen sie in der Druchführung ihrer Aufgabe.

3. Nachdem die Sekundanten den Platz ausgesucht, der am ebensten und für den Kampf am geeignetsten ist, bezeichnen sie die Standplätze. Diese sollen möglichst gleichmäßig und voneinander so weit entfernt sein, dass, wenn die Kämpfer im Ausfalle liegen, die Degenspitzen sich nicht berühren können.

---

*) Ein in Budapest vor einigen Jahren aus Reichstagsabgeordneten zusammengesetztes Ehrengericht, das über die Statthaftigkeit des Kampfes auf Degen zu entscheiden hatte, hat erklärt, dass diese Art der Waffe als bei uns ungebräuchlich refusiert werden könne. Diese Auffassung ist ganz richtig, doch gehört dieses Duell keineswegs in die Klasse der außergewöhnlichen oder illegalen Duelle, und wenn sich zwei Gegner im gegenseitigen Einverständnis für ein Degenduell entscheiden würden, so stünde dem Kampfe auch bei uns nichts im Wege. Es sei hier bemerkt, dass Ausländer sich überall jenen Duellgebräuchen fügen müssen, welche in dem Lande, wo sie sich eben aufhalten, üblich sind.

4. Die Sekundanten losen um die Standplätze.

5. Die Gegner werden ersucht, Röcke und Westen abzulegen und die Sekundanten können sich überzeugen, ob sich nicht etwa auf der Brust des Gegners ein fester Gegenstand befindet, der dem Stich Widerstand leisten könnte. Diese Untersuchung verweigern, hieße das Duell verweigern.

6. Der Sekundant, welcher den Kampf leitet, lässt hierauf durch seinen Gehilfen die vereinbarten Bedingungen des Kampfes vorlesen und sagt sodann: „Sie haben, meine Herren, die von Ihren Sekundanten festgesetzten und von Ihnen gutgeheißenen Bedingungen des Kampfes soeben gehört – geloben Sie, diese ehrlich zu erfüllen?"

Nachdem die Gegner der Frage zugestimmt*, fährt er fort: „Ich mache Sie, meine Herren, aufmerksam, dass Sie, bevor ich ‚Los!' gesagt, nicht vorgehen und die Säbel kreuzen dürfen, und dass Sie bei Ihrer Ehre verpflichtet sind, auf das ‚Halt!' irgend eines der Sekundanten augenblicklich stillzuhalten."

7. Die Gegner werden hierauf durch zwei jüngere Sekundanten (jeder durch den seinen) auf die ihnen durch das Los zugefallenen Plätze geführt.

8. Die Sekundanten untersuchen nochmals gemeinsam die zu benützenden Degen, ob diese für den Kampf geeignet sind.

Nun losen sie, welcher der Gegner unter den Degen wählen dürfe; dann werden diesen den Streitenden überreicht.

9. Der nach dritter Art Beleidigte kann seinen eigenen Degen gebrauchen, doch muss er dann seinem Gegner einen davon frei anbieten, welches Anerbieten letzterer ausschlagen und andere, auch seine eigenen, benützen darf. Doch müssen die Waffen von den Sekundanten als für den Kampf geeignet erklärt worden sein.

10. Die Benützung von Fechthandschuhen ist Sache eines Übereinkommens. Wird ein solches getroffen, so steht es jedem Gegner frei, den Handschuh für seine Person zu gebrauchen oder nicht.

11. Jeder der Gegner hat das Recht, sich das Handgelenk mit einem Taschentuch zu umwickeln; doch dürfen die Enden desselben nicht flattern.

12. Nachdem die Degen übergeben sind, stellen sich die Sekundanten an beide Seiten der Gegner, und zwar so, dass jeder der letzteren einen eigenen und einen fremden Sekundanten neben sich habe.

Sie sind mit Degen oder auch nur mit Stöcken bewaffnet. Der Gebrauch von Degenstöcken ist verboten.

Die Sekundanten stehen so, dass sie die freie Bewegung der Kämpfenden nicht beirren, und halten die Degen oder Stöcke zu Boden gesenkt. Sie sollen

Schweigen bewahren, sich jeder Gebärden enthalten, die Kämpfenden aufmerksam beobachten und müssen, sobald sie die geringste Unregelmäßigkeit bemerken im Kampfe bemerken, demselben augenblicklich Einhalt tun. (Siehe 1 Teil, VI, Artikel 31.)

13. Wenn sich die Sekundanten aufgestellt haben, kommandiert jener, dem die Leitung des Kampfes obliegt: „Los!"

14. Sollten sich die Klingen, bevor das Zeichen erfolgt ist, durch Willkür der Gegner berühren, so sind sie zu trennen; derjenige, welcher die Übereilung begangen, ist durch seine Sekundanten zu verweisen, worauf der Kampf regelgerecht beginnen zu lassen ist.

15. Wenn das Zeichen erfolgt ist, dürfen die Gegner einander angehen. Sich bücken, nach rechts oder links werfen, den Gegner von welcher Seite immer angreifen, ist den Regeln gemäß gehandelt.

16. Die Klinge mit der freien Hand zu parieren, ist nicht gestattet.

17. Wenn die Bestimmung des vorhergehenden Artikels durch einen der Kampfer verletzt würde, können die Sekundanten fordern, dass die Hand desselben in einer Weise befestigt werde, welche eine Wiederholung dieser Unregelmäßigkeit ausschließt.

18. Es ist tadelnswert und wider die Regeln, auf den entwaffneten oder gestürzten Gegner zu hauen, des Gegners Körper, Hand oder Säbel zu erfassen.

19. Ein Kämpfer ist als entwaffnet zu betrachten, wenn der Säbel seine Hand verlässt oder ersichtlich nicht mehr fest in ihr liegt.

20. Wenn einer der Kämpfer sich als verwundet erklärt oder ein Sekundant dies bemerkt, ist der Kampf augenblicklich einzustellen.

Wurde vereinbart, dass der Kampf mit der ersten Verwundung zu enden habe, so ist er nun beendet.

Soll der Kampf fortgesetzt werden, so kann das nur mit Einwilligung des Verwundeten – die er durch seine Sekundanten aussprechen lässt – geschehen, da bei Stichwunden die Kampffähigkeit vom Verwundeten selbst am richtigsten beurteilt werden kann.

21. Wenn, nachdem der Kampf wegen Verwundung unterbrochen wurde, der Verwundete sich auf seinen Gegner stürzt, so ist er zurückzuhalten und von seinen Sekundanten strengstens zu verweisen. Sollte sich jedoch der Unverwundete auf den Gegner werfen, so müssen die Sekundanten, nachdem sie ihn zurückhalten, dies für eine Verletzung der Duellregeln erklären und den Fall gemeinsam zu Protokoll bringen.

22. Wegen Verwundung, Entwaffnung oder Fall kann (und soll) jeder der Sekundanten den Kampf durch sein „Halt!" einstellen; wenn einer diesen jedoch aus einem anderen Grund, vielleicht weil er die Kämpfer ermüdet glaubt, anhalten will, so muss er stets vorher seine Absicht der Gegenpartei andeuten. Er hebt zu diesem Zwecke seine Waffe in die Höhe,

worauf dann einer der Gegensekundanten, wenn er einverstanden ist, entweder seine Waffe als bejahende Antwort erhebt, oder gleich selbst „Halt!" ruft.

23. Wenn der Kampf aus irgendeinem Grunde eingestellt wird, müssen die Sekundanten, sobald das Kommando erfolgt ist, augenblicklich an die Seite der Kämpfer treten, sie trennen, zurücktreten und die Klingen senken lassen. Die zwei jüngeren Sekundanten bleiben dann bei ihren Klienten und überwachen diese, während die älteren die Verhandlungen zu leiten haben.

Die Gegner aber, selbst wenn einer den anderen verwundet glaubt, haben insolange in „Stellung" zu bleiben, bis sie von ihren Sekundanten eines anderen avisiert werden.

24. Wird der Kampf nach einem „Halt!" fortgesetzt, so hat er immer von Anfang zu beginnen, d.h. die Gegner sind wie das erste Mal anzustellen und dürfen einander erst auf das erneuerte „Los!" des Kampfleiters angehen.

25. Wenn einer der Gegner gegen die Kampfregeln oder getroffenen Vereinbarungen verwundet oder getötet würde, müssen sich die Sekundanten ohne Verzug nach dem 1. Teil, VI, Artikel 32 und 33, enthaltenen Vorschriften richten.

## III.

**Das Pistolenduell**

Unter den legalen Duellen gibt es heute s i e b e n A r t e n des Pistolenduells, von denen man indessen an einzelne kaum, an andere vielleicht gar nicht zu appellieren pflegt. Andererseits sind wieder von diesen sieben Formen in dem einen Lande diese, in dem anderen jene mehr im Gebrauch, wie auch bezüglich der größten Anzahl der Kugelwechsel und der Zeit, welche dem Gegner zum Schießen geboten wird, nicht überall dieselben Auffassungen herrschen. Bei der folgenden Feststellung der Regeln des Pistolenduells werden die einzelnen Arten desselben in jeder Reihenfolge angeführt, in welcher sie nach ihrer häufigeren oder selteneren Anwendung in Österreich und Ungarn einander folgen.

Dementsprechend teilen wir die Pistolenduelle in drei Gruppen

*A.*

1. P i s t o l e n d u e l l  m i t  V o r r ü c k e n
2. P i s t o l e n d u e l l  m i t  f e s t e m  S t a n d ‑ p u n k t e  u n d  f r e i e m  S c h u s s e.

*B.*

3. P i s t o l e n d u e l l  m i t  f e s t e m  S t a n d ‑ p u n k t e ;
4. P i s t o l e n d u e l l  a u f  S i g n a l ;

5. Pistolenduell auf Kommando.

C.

6. Pistolenduell mit unberbrochenem Vorrücken;

7. Pistolenduell auf parallelen Linien.

Von diesen Duellen ist das "Pistolenduell mit Vorrücken" heute bei uns das am meisten gebrauchte Duell, diesem folgt das „Pistolenduell mit festem Standpunkte und freiem Schusse.". Das „Pistolenduell mit festem Stand punkte" ist seltener, doch wird es dann benützt, wenn man dem Schwerbeleidigten den ersten Schuss geben will. „Pistolenduell auf Signal" ist schon sehr selten, während das in Frank-reich fast ausschließlich angewendete „Pistolenduell auf Kommando" bei uns noch ziemlich unbekannt ist, wir es aber trotzdem in die zweite Kategorie einreihen, weil wir auf dasselbe als das einfachste und humanste Pistolenduell aufmerksam machen möchten. Es wäre wünschenswert, dass es auch bei uns in Gebrauch komme. Die in die dritte Gruppe eingereihten Duelle sind bei uns unbekannt, wir glauben aber der Vollständigkeit wegen auch sie beschreiben zu sollen.

Für sämtliche Pistolenduelle gibt es zwei unveränderliche Hauptregeln:

1. Die Distanz zwischen den Gegnern darf nie geringer als 15 Schritte sein*.

2. Mehr als drei Kugelwechsel dürfen die Sekundanten niemals vereinbaren.

Bei Pistolenduellen müssen – wenn nicht ausnahmsweise die Fortsetzung des Kampfes bis zur Kampfunfähigkeit eines Gegners (sehe 1. Teil, VI, Artikel 18) vereinbart wird – die Vereinbarungen stets bestimmen: wie viele Gänge oder Kugelwechsel stattzufinden haben, d.h. nach dem wievielten Gange (auch nach dem ersten) der Kampf auch ohne Verwundung unbedingt sein Ende finden muss. Wird einer der Kämpfer verwundet, so ist mit dem Kugelwechsel, in dem die Verwundung erfolgt, das Duell selbstverständlich beendet, es wäre denn, dass die Verwundung eine leichte ist, während ein anderer Punkt der Vereinbarung eine schwere bedingt, in welchem Falle denn der Kampf bis zur Erfüllung dieser Bedingung, respektive bis zu vereinbarten Anzahl der Kugelwechsel – jedoch immer nur mit Einwilligung des Verwundeten und der seiner Sekundanten – fortgesetzt werden kann.

---

*) Selbst auf diese Distanz darf nur bei gewissen Arten des Duells herabgegangen werden.

## A.

### 1. Pistolenduell mit Vorrücken

1. Auf dem Kampfplatze angekommen, haben Gegner wie Sekundanten einander höflich zu grüßen. Erstere müssen sich vollkommen schweigsam verhalten.

2. Die Sekundanten losen, wer unter ihnen mit Beihilfe des älteren Sekundanten der Gegenpartei das Duell zu leiten habe. Die anderen unterstützen sie in der Durchführung ihrer Aufgabe.

3. Nachdem die Sekundanten den Platz ausgesucht, der für den Kampf am geeignetsten ist, bezeichnen sie auf 40-35 Schritte voneinander die zwei Standplätze\*. Auf der Linie, welche diese verbindet, werden 10 Schritte von jedem Stande einwärts Stöcke oder weiße Taschentücher als Barrieren gelegt, die sonach 20-15 Schritte voneinander abstehen\*\*.

4. Die Sekundanten losen die Standplätze.

5. Die Waffen müssen demselben Paare angehören und den Gegnern unbekannt sein.

---

\*) Bei Bestimmung der Stände ist genau darauf zu sehen, dass sie möglichst gleichartig sind, damit nicht etwa der eine der Gegner durch bessere Verteilung von Sonne, Wind oder Hintergrund dem anderen gegenüber im Vorteil sei. Es gilt das für sämtliche Duelle.

\*\*) Es kommt auch vor, dass die Entfernung der Barriere vom Standpunkt nur 5 Schritte beträgt und die Standplätze 30-25 Schritte voneinander entfernt sind. Es ist das natürlich eine bedeutende Verschärfung des Duells.

6. Der nach dritter Art beleidigte kann immer seine eigenen Pistolen gebrauchen, doch muss er dann seinem Gegner eine davon zu freien Wahl anbieten, welches Anerbieten dieser ausschlagen und andere, auch seine eigenen, benützen kann.

7. Die Waffen müssen in allen Fällen von den Sekundanten schon früher untersucht und für den Kampf geeignet erklärt worden sein.

8. Wenn durch den Artikel 6 nichts anderes bestimmt wird, entscheiden die Sekundanten durch das Los, welcher der Gegner unter den zu nützenden Waffen wählen dürfe.

9. Das Laden wird von den Sekundanten besorgt, welche hierbei ohne Übereilung und mit der größten Aufmerksamkeit vorzugehen haben. Zuerst ladet eine Partei, dann die zweite, und eine in Gegenwart der anderen. Sind die Pistolen von demselben Paare, so muss man sich durch Einführung desselben Ladestockes von der Gleichheit der Ladung überzeugen*.

10. Nur in dem Falle, wo beide Gegner ihre eigenen Pistolen gebrauchen, kann es ihnen gestattet werden – in Gegenwart sämtlicher Sekundanten – selbst zu laden. Doch haben die Sekundanten in gegen-

---

*) Man pflegt auch die Pistolen schon früher zu laden oder durch eine dritte Person, am besten durch den Waffenschmied (immer in Gegenwart beiderseitiger Sekundanten), laden zu lassen und sie dann unter Siegel auf den Kampfplatze zu bringen. Es gilt das für alle Duelle.

seitigen Einvernehmen die Stärke der Ladung festzusetzen.

11. Die Gegner können veranlasst werden, Röcke und Westen abzulegen und dürfen, wie bei den Duellen mit blanken Waffen, von den Gegensekundanten untersucht werden*.

12. Der Leiter des Duells lässt durch seinen Gehilfen die vereinbarten Bedingungen des Kampfes verlesen und sagt sodann: „Sie haben, meine Herren, die durch Ihre Sekundanten festgesetzten und von Ihnen gutgeheissenen Bedingungen des Kampfes gehört – geloben Sie, dass Sie diese ehrlich erfüllen werden?"

Nachdem die Gegner der Frage zugestimmt, fährt er fort: „Ich mache Sie, meine Herren, aufmerksam, dass die Ehre Sie verpflichtet vor meinem Kommando ‚Vorwärts!' nicht zu schließen."

13. Hierauf werden die Gegner durch die zwei jüngeren Sekundanten auf ihre durch das Los bestimmten Plätze geführt und erhalten dort die Waffen. Die Hämmer befinden sich in Ruhe.

14. Die Sekundanten stellen sich alle viel auf dieselbe Seite und in eine mit der Schussrichtung parallelen Linie, und zwar so, dass jedem Gegner ein fremder Sekundant zunächst steht*.

---

*) Die Gegner sollten dunkle Kleider tragen und den Kragen des Rockes in die Höhe schlagen, damit der weiße Hemdkragen verdeckt werde.

**) Die Ärzte stehen am besten hinter den Sekundanten.

15. Haben sich die Sekundanten aufgestellt, kommandiert der Kampfleiter „Vorwärts!".

16. Wenn das Kommando erfolgt ist, spannen die Gegner und rücken, wenn es ihnen beliebt, in gerader Linie gegeneinander vor. Im Gehen müssen sie die Pistolen mit der Mündung nach aufwärts halten. Zum Schießen müssen sie stehen bleiben; doch können sie stehen bleiben, zielen und dann, ohne zu schießen, weitergehen. In dieser Weise könne sie bis zur Barriere vorrücken\*, welche jedoch nicht überschritten werden darf – kurz, sie können von jeden Punkte der 10 Schritte langen Linie zwischen Standpunkt und Barriere ihr Feuer abgeben.

17. Wer seinen Schuss abgegeben, muss stehen bleiben und die Antwort des Gegners in vollkommener Unbeweglichkeit erwarten. Letzterer kann während der Schießzeit noch weiter vorrücken.

18. Die Zeit, binnen welcher beide Schüsse gefallen sein müssen, wird von den Sekundanten im Protokoll festgesetzt und die Sekunden werden von einem der Sekundanten laut vorgezählt; bei längerer Schießzeit wird etwa nur jede fünfte Sekunde markiert. Eine längere Schießzeit als die Dauer einer Minute kann nicht

---

\*) Das Tempo, in dem die Gegner vorrücken, ist ganz ihrem Belieben anheimgestellt.

festgesetzt werden\*, doch muss die Schiesszeit jedenfalls um drei Sekunden größer sein, als die Zahl der Schritte zwischen Standpunkt und Barriere.

19. Während der festgesetzten Schiesszeit müssen beide Schüsse gefallen sein, Wer die Zeit verstreichen lässt, hat das Recht zum Schuss verloren\*\*.

20. Jeder „Versager" gilt, wenn diesbezüglich kein andere Übereinkommen besteht, also Schuss\*\*\*.

---

\*) In den meisten Fällen schwankt die Schiesszeit zwischen 15 und 30 Sek.

\*\*) Es kommt vor, dass einer der Kämpfenden in die Luft schießt, was soll der andere in diesen Falle tun? Schießt der Beteiligte in die Luft, so wird der Beleidiger gewiss auch auf seinen Schuss verzichten, sollte aber der Beleidiger in die Luft feuern, so kann es von dem Beleidigten niemand verlangen, dass er seinen Schuss nicht abgebe. Wenn übrigens der Beleidiger in die Luft schösse, so würde das kaum ein gutes Licht auf ihn werfen, denn er kann ja, wenn er den welchen er beleidigte, nicht anschießen will, ganz einfach die Schiesszeit versäumen. Sind aber zwei oder drei Kugelwechsel vereinbart, dann könnte, ohne Verwundung, ein Schießen in die Luft selbst seitens des Beleidigten wohl erst beim letzten Kugelwechsel vorausgesetzt werden. Es ist gut, wenn die Gegner eventuelle diesbezügliche Absichten mit ihren Sekundanten rechtzeitig besprechen.

\*\*\*) Diese Regel gilt, mit Ausnahme des „Pistolenduells auf Signal" und des „Pistolenduells auf Kommando", bei welchem der Versager unbedingt als Schuss zählt, für sämtliche Pistolenduelle. Im Übrigen werden die Sekundanten gut tun, wenn sie bezüglich des Versagers kein Übereinkommen treffen, ihn daher als Schuss gelten lassen, da ein solches wie die Erfahrung gezeigt, immer zu Unregelmäßigkeiten Anlass gibt. Man muss eben vorsichtig laden und insbesondere beim Aufsetzen der Zündhütchen achtsam sein. Sollte der Versager aber doch nicht als Schuss zählen, so sind den Gegnern einige Zündhütchen in die freie Hand zu geben. Durch das Aufsetzen von neuen Zündhütchen darf in der früher festgesetzten Schießzeit keine Unterbrechung eintreten. Es bleibt diese unverändert.

21. Wenn der Kampf erneuert wird, bleibt der Vorgang derselbe.

22. Nach einer Verwundung kann der Kampf selbst auf Verlangen des Verwundeten nur dann fortgesetzt werden, wenn diesen die Sekundanten kampffähig erklären.

23. Wenn einer der Gegner gegen die Duellregel oder getroffenen Vereinbarungen verwundet oder getötet würde, müssen sich die Sekundanten ohne Verzug nach den im 1. Teil, VI, Artikel 23 und 33, gegebenen Vorschriften benehmen.

◊◊◊

Das eben beschriebene „Pistolenduell mit Vorrücken" ist das in Österreich und Ungarn gebräuchlichste und in Ungarn fast ausschließlich gebrauchte Pistolenduell. Es weicht von der französischen Form nur dadurch ab, dass dort die Schießzeit anders bestimmt ist. Der maßgebende Chatauvillardsche Kodex sagt diesbezüglich:

„Wer seinen Schuss abgegeben, muss stehen bleiben und die Antwort des Gegners in vollkommener Unbeweglichkeit abwarten. Letzterer hat, vom Fallen des erstan Schusses gezählt, zum Vorrücken und Schießen nur eine Minute. Ist diese Zeit verstrichen, dürfen die Sekundanten das Feuer nicht mehr gestatten. Dem Verwundeten ist auch nur eine Minute zur Antwort gegönnt; wenn er gestützt ist, hat er deren zwei."

Es wäre natürlich auch ganz legal, wenn die Sekundanten die Bedingungen des Duells in dieser Art regeln würden, doch pflegt man dies nicht zu tun. Ebenso sieht man bei uns bezüglich dieses Pistolenduells von jeder Bestimmung des französischen Kodex ab, welche folgendermaßen lautet:

„Auf Verlangen eines nach dritter Art Beleidigten dürfen bei diesem Duell die Sekundanten jedem der Kämpfer auch zwei Pistolen zugleich geben; es bekommt dann jeder je eine von demselben Paare. In ganz außergewöhnlichen Fällen und auf ausdrückliches Verlangen der Gegner können es die Sekundanten gestatten, dass sich beide ihrer eigenen Waffen bedienen. Bei dieser Kampfweise kann – wenn keine Verwundung erfolgt – vor Abgabe des vierten Schusses nicht unterbrochen werden. Erfolgt jedoch eine Verwundung, so ist der Kampf alsogleich einzustellen und der Verwundete, selbst wenn er noch beide Schüsse hätte, darf, wenn er nicht im Augenblicke der Verwundung schießt, dies später nicht mehr tun."

## 2. Pistolenduell mit festem Standpunkte und freiem Schusse

1. Auf dem Kampfplatze angekommen, haben Gegner wie Sekundanten einander höflich zu grüßen. Erstere müssen sich vollkommen schweigsam verhalten.

2. Die Sekundanten losen, wer unter ihnen mit Beihilfe des älteren Sekundanten der Gegenpartei das Duell zu leiten habe. Die anderen unterstützen sie in der Durchführung ihrer Aufgabe.

3. Nachdem die Sekundanten den Platz ausgesucht, der für den Kampf am geeignetsten ist, bezeichnen sie auf 30-25 Schritte voneinander die zwei Standplätze.

4. Die Sekundanten losen die Standplätze.

5. Die Waffen müssen demselben Paare angehören und den Gegnern unbekannt sein.

6. Der nach dritter Art beleidigte kann immer seine eigenen Pistolen gebrauchen, doch muss er dann seinem Gegner eine davon zu freien Wahl anbieten, welches Anerbieten dieser ausschlagen und andere, auch seine eigenen, benützen kann.

7. Die Waffen müssen in allen Fällen von den Sekundanten schon früher untersucht und für den Kampf geeignet erklärt worden sein.

8. Wenn durch den Artikel 6 nichts anderes bestimmt wird, entscheiden die Sekundanten durch

das Los, welcher der Gegner unter den zu nützenden Waffen wählen dürfe.

9. Das Laden wird von den Sekundanten besorgt, welche hierbei ohne Übereilung und mit der größten Aufmerksamkeit vorzugehen haben. Zuerst ladet eine Partei, dann die zweite, und eine in Gegenwart der anderen. Sind die Pistolen von demselben Paare, so muss man sich durch Einführung desselben Ladestockes von der Gleichheit der Ladung überzeugen.

10. Nur in dem Falle, wo beide Gegner ihre eigenen Pistolen gebrauchen, kann es ihnen gestattet werden – in Gegenwart sämtlicher Sekundanten – selbst zu laden. Doch haben die Sekundanten in gegen seitigen Einvernehmen die Stärke der Ladung festzusetzen.

11. Die Gegner können veranlasst werden, Röcke und Westen abzulegen und die Sekundanten dürfen sich überzeugen, ob sich nicht etwa auf der Brust des Gegners ihres Klienten irgend ein fester Widerstand leisten könnte. Diese Untersuchung verweigern, hieße das Duell zu verweigern.

12. Der Sekundant, welcher den Kampf leitet, lässt nun durch seinen Gehilfen die vereinbarten Bedingungen des Kampfes verlesen und sagt sodann: „Sie haben, meine Herren, die durch Ihre Sekundanten festgesetzten und von Ihnen gutgeheißenen Bedingungen des Kampfes gehört – geloben Sie, dass

Sie diese ehrlich erfüllen werden?"

Nachdem die Gegner der Frage zugestimmt, fährt er fort: „Ich mache Sie, meine Herren, aufmerksam, dass die Ehre Sie verpflichtet vor meinem Kommando ‚Schießen!' gesagt, nicht spannen und schließen dürfen."

13. Hierauf werden die Gegner durch die zwei jüngeren Sekundanten auf ihre durch das Los bestimmten Plätze geführt und erhalten dort die Waffen. Die Hämmer befinden sich in Ruhe.

14. Die Sekundanten stellen sich alle vier auf dieselbe Seite und in eine mit der Schussrichtung parallelen Linie, und zwar so, dass jedem Gegner ein fremder Sekundant zunächst steht.

15. Haben sich die Sekundanten aufgestellt, kommandiert der Kampfleiter „Schießen!"*.

16. Jeder „Versager" gilt, wenn diesbezüglich kein anderes Übereinkommen besteht, als Schuss.

17. Nachdem das Signal gegeben ist, spannen die Gegner und können nach Belieben schießen. Die Schießzeit wird im Protokoll fixiert und darf nicht mehr als eine halbe Minute betragen. Wer binnen der festgesetzten Zeit nicht schießt, hat sein Recht zum Schießen verloren. Die Sekunden werden von einem

---

*) Die Gegner können auch Rücken gegen Rücken aufgestellt werden und haben sich nach dem Aviso „Schießen!" vorerst einander zuzuwenden.

der Sekundanten vorgezählt*. Wer nach Ablauf der Schießzeit schießt, begeht eine Verletzung der Duellregeln.

18. Wenn keiner der Kämpfer verwundet wurde und das Duell fortgesetzt wird, ist genau derselbe Vorgang zu beobachten.

Das gilt auch, wenn der Kampf wegen ungenügender Verwundung fortgesetzt werden soll.

19. Wenn einer der Gegner gegen die Duellregel oder getroffenen Vereinbarungen verwundet oder getötet würde, müssen sich die Sekundanten ohne Verzug nach den im 1. Teil, VI, Artikel 23 und 33, gegebenen Vorschriften benehmen.

◊◊◊

Nach dem französischen Kodex werden die Gegner immer Rücken an Rücken aufgestellt und haben sich auf das Signal „Schießen!" vorerst umzuwenden, dann zu spannen und zu schießen. Die Schießzeit ist nicht festgesetzt, wenn aber der eine der Gerner einmal seinen Schuss abgegeben hat, muss die Antwort binnen einer Minute erfolgen, nur dem Verwundeten sind zwei Minuten gegeben. Die sonstigen Bestimmungen der Schießzeit und die Art der Aufstellung der Gegner ausgenommen, den franz. Normen entnommen. Natürlich wäre auch die franz. Form dieses Duells bei uns legal, sie ist nur nicht in ihrer Gänze gebräuchlich, wenngleich die Aufstellung Rücken gegen Rücken auch bei uns zuweilen geschieht. Es ist diese Art der Aufstellung sogar zu empfehlen.

---

*) Als die geringste Schießzeit pflegt man bei diesem Duell acht Sekunden anzunehmen.

*B.*

### 3. Pistolenduell mit festen Standpunkt

1. Auf dem Kampfplatze angekommen, haben Gegner wie Sekundanten einander höflich zu grüßen. Erstere müssen sich vollkommen schweigsam verhalten.

2. Die Sekundanten losen, wer unter ihnen mit Beihilfe des älteren Sekundanten der Gegenpartei das Duell zu leiten habe. Die anderen unterstützen sie in der Durchführung ihrer Aufgabe.

3. Nachdem die Sekundanten den Platz ausgesucht, der für den Kampf am geeignetsten ist, bezeichnen sie auf 35-15 Schritte voneinander die zwei Standplätze.

4. Die Sekundanten losen die Standplätze.

5. Die Waffen müssen demselben Paare angehören und den Gegnern unbekannt sein.

6. Der nach dritter Art beleidigte kann immer seine eigenen Pistolen gebrauchen, doch muss er dann seinem Gegner eine davon zu freien Wahl anbieten, welches Anerbieten dieser ausschlagen und andere, auch seine eigenen, benützen kann.

7. Die Waffen müssen in allen Fällen von den Sekundanten schon früher untersucht und für den Kampf geeignet erklärt worden sein.

8. Wenn durch den Artikel 6 nichts anderes bestimmt wird, entscheiden die Sekundanten durch

das Los, welcher der Gegner unter den zu nützenden Waffen wählen dürfe.

9. Das Laden wird von den Sekundanten besorgt, welche hierbei ohne Übereilung und mit der größten Aufmerksamkeit vorzugehen haben. Zuerst ladet eine Partei, dann die zweite, und eine in Gegenwart der anderen. Sind die Pistolen von demselben Paare, so muss man sich durch Einführung desselben Ladestockes von der Gleichheit der Ladung überzeugen.

10. Nur in dem Falle, wo beide Gegner ihre eigenen Pistolen gebrauchen, kann es ihnen gestattet werden – in Gegenwart sämtlicher Sekundanten – selbst zu laden. Doch haben die Sekundanten in gegen seitigen Einvernehmen die Stärke der Ladung festzusetzen.

11. Wenn der beteiligte nach dritter oder zweiter Art beleidigt wurde, gebührt ihm bei der Distanz von 35 Schritten der erste Schuss.

Bei geringerer Distanz oder bei einer Beleidigung erster Art muss um das Recht des ersten Schusses durch die Sekundanten gelost werden.

12. Die Gegner können veranlasst werden, Röcke und Westen abzulegen und die Sekundanten dürfen sich überzeugen, ob sich nicht etwa auf der Brust des Gegners ihres Klienten ein fester Gegenstand befindet, welcher der Kugel Widerstand leisten könnte. Diese Untersuchung verweigern, hieße das Duell zu verweigern.

13. Der Sekundant, welcher den Kampf leitet, lässt nun durch seinen Gehilfen die vereinbarten Bedingungen des Kampfes verlesen und sagt sodann: „Sie haben, meine Herren, die durch Ihre Sekundanten festgesetzten und von Ihnen gutgeheißenen Bedingungen des Kampfes gehört – geloben Sie, dass Sie diese ehrlich erfüllen werden?" Nachdem die Gegner der Frage zugestimmt, fährt er fort: „Ich mache Sie, meine Herren, aufmerksam, dass Sie, bevor ich ‚Spannen!' gesagt, nicht spannen dürfen, und dass die Ehre Sie verpflichtet, vor meinem Kommando ‚Schießen!' nicht zu schießen."

14. Hierauf werden die Gegner durch die zwei jüngeren Sekundanten (jeder durch den seinen) auf ihre durch das Los zugefallenen Plätze geführt und erhalten dort die Waffen.

15. Die Sekundanten stellen sich alle viel auf dieselbe Seite und in eine mit der Schussrichtung parallelen Linie, und zwar so, dass jedem Gegner ein fremder Sekundant zunächst steht.

16. Wenn sich die Sekundanten aufgestellt haben, kommandiert der Kampfleiter: „Spannen!"* und einige Sekunden später: „Schießen!"

---

*) Wenn vor Beginn der Schiesszeit durch Unvorsichtigkeit ein Schuss abginge, müsste der Duellleiter auch den anderen Schuss in die Luft abgeben und beide Pistolen neu laden lassen.

17. Jeder „Versager" gilt, wenn diesbezüglich kein anderes Übereinkommen besteht, als Schuss.

18. Nachdem das Signal gegeben ist, müssen die Gegner in der Reihenfolge, wie es ihnen zukommt, schießen, wobei zu beachten ist:

a) Der erste Schuss muss binnen einer Minute nach gegebenen Signal abgegeben sein;

b) für den zweiten Schuss ist dieselbe Zeit – gezählt vom Fallen des ersten – bemessen. Wenn diese Frist verstrichen, ist das Recht zum Schießen erloschen;

c) dem Verwundeten sind wie Minuten zum Schießen gegönnt. Schießt er, wenn diese Zeit verstrichen ist, so begeht er eine Verletzung der Duellregeln*.

19. Wenn keiner der Kämpfer verwundet wurde und das Duell fortgesetzt wird, ist genau derselbe Vorgang zu beachten.

Das gilt auch, wenn der Kampf wegen ungenügender Verwundung fortgesetzt werden soll.

---

*) Dieses Duell ist das einzige, wo die Schüsse nicht nach Belieben oder gleichzeitig abgegeben werden, sondern wo der eine der Gegner den „ersten Schuss" hat. Nach unseren Auffassungen kann auch hier die Schießzeit restringiert werden, doch immer so, dass keiner der Gegner dem andern gegenüber benachteiligt werde. Man kann beispw. bestimmen, dass jeder Schuss binnen 5-30 Sekunden zu fallen habe. Die Zeit für den zweiten Schuss beginnt in dem Momente, wo der erste abgegeben ist.

20. Wenn einer der Gegner gegen die Duellregel oder getroffenen Vereinbarungen verwundet oder getötet würde, müssen sich die Sekundanten ohne Verzug nach den im 1. Teil, VI, Artikel 23 und 33, gegebenen Vorschriften benehmen.

## 4. Pistolenduell auf Signal

1. Auf dem Kampfplatze angekommen, haben Gegner wie Sekundanten einander höflich zu grüßen. Erstere müssen sich vollkommen schweigsam verhalten.

2. Die Sekundanten losen, wer unter ihnen mit Beihilfe des älteren Sekundanten der Gegenpartei das Duell leitet und das Signal zu geben habe. Handelt es sich jedoch um eine Beleidigung dritter Art, so hat bei diesem Duell immer einer der Sekundanten des Beleidigten die Leitung.

3. Nachdem die Sekundanten den Platz ausgesucht, der für den Kampf am geeignetsten ist, bezeichnen sie auf 35-25 Schritte voneinander die zwei Standplätze.

4. Die Sekundanten losen die Standplätze.

5. 6. 7. 8. 9. 10. Siehe die gleichbezeichneten Artikel des „Pistolenduells mit Vorrücken" (betreffend der Waffen und das Laden), welche auch bei diesem Duell vollinhaltlich gültig sind. Der Versager gilt immer als Schuss.

11. Das Signal besteht aus drei Schlägen in die Hand, welche einander in gleichen Zeiträumen zu folgen haben. Diese Zeiträume können zweierlei sein:

a) je drei Sekunden;

b) je zwei Sekunden.

Der Leiter des Duells kann unter den zwei Arten wählen und braucht seine Wohl den Sekundanten des Gegners nicht bekanntzugeben.

12. Die Gegner können ersucht werden, Röcke und Westen abzulegen und dürfen, wie bei den anderen Duellen, von den Gegensekundanten untersucht werden.

13. Der Sekundant, welcher den Kampf leitet, lässt nun durch seinen Gehilfen die vereinbarten Bedingungen des Kampfes verlesen und sagt sodann: „Sie haben, meine Herren, die durch Ihre Sekundanten festgesetzten und von Ihnen gutgeheißenen Bedingungen des Kampfes gehört – geloben Sie, dass Sie diese ehrlich erfüllen werden?"

14. Nachdem die Gegner der Frage zugestimmt, werden sie durch die zwei jüngeren Sekundanten auf ihre durch das Los bestimmten Plätze geführt und erhalten dort die Pistolen. Sie haben diese zu spannen, gegen Boden zu senken und das Signal zu erwarten.

15. Die Sekundanten stellen sich alle viel auf dieselbe Seite und in eine mit der Schussrichtung

parallelen Linie, und zwar so, dass jedem Gegner ein fremder Sekundant zunächst steht.

16. Wenn sich die Sekundanten aufgestellt, muss der Kampfleiter die Gegner nochmals an die Regeln des Kampfes erinnern. Er tut dies, indem er laut und deutlich die folgenden Worte spricht: „Erinnern Sie sich, meine Herren, dass Ihnen die Ehre gebietet, sich gewissenhaft nach dem Signal, welches ich durch ein dreimaliges In-die-Hände-Schlagen geben werde, zu richten. Vor dem ersten Schlage dürfen Sie die Waffen nicht heben, dürfen, bevor der dritte nicht erfolgt, nicht schießen und müssen nach diesem augenblicklich Feuer geben. Achtung! meine Herren – ich gebe das Signal!" Nun gibt er das Signal.

17. Beim ersten Schlag erheben die Gegner die Waffen, zielen bis zum dritten und drücken bei diesem augenblicklich und gleichzeitig ab*.

18. Wenn einer der Gegner vor dem dritten Schlage oder eine halbe Sekunde später schießt, so ist er ein Meuchelmörder. Derjenige, auf welchen vor dem dritten Schlage geschossen wurde, hat das Recht, so lange zu zielen, als er will.

19. Hat einer der Gegner beim dritten Schlage sein Feuer regelrecht abgegeben und der andere zielt weiter

---

*) Dieses gefährliche Duell, in welchem leicht beide Gegner bleiben können, ist nur gut, wenn es sich darum handelt, die Gegensätze zwischen Geschicklichkeit und Unerfahrenheit wenigstens einigermaßen auszugleichen.

fort, so müssen die Sekundanten, selbst mit Gefährdung ihren eigenen Lebens, den Schuss zu verhindern trachten.

20. Im letzteren Falle müssen die Sekundanten desjenigen, welcher nach den Regeln gekämpft hat, die Fortsetzung des Kampfes (wenn noch weitere Kugelwechsel stattfinden sollen) nach dieser Art verweigern und können mit Ermächtigung ihres Klienten jedes andere Duell verlangen. Doch darf sich letzterer auch zurückziehen und einen weiteren Kampf ausschlagen.

Die Sekundanten des Schuldigen müssen diesen strenge verweisen und können mit jenen des Gegner ein anderes Duell festsetzen – vorausgesetzt, dass ihre persönliche Überzeugung sie in gewissen Fällen nicht veranlasst, ihrem Klienten zu erklären, dass sie ihr Mandat als beendet ansehen.

21. Wenn das Duell fortgesetzt wird, bleibt der Vorgang derselbe.

22. Wird einer der Gegner gegen die Duellregel oder getroffenen Vereinbarungen verwundet oder getötet, müssen sich die Sekundanten ohne Verzug nach den im 1. Teil, VI, Artikel 23 und 33, enthaltenen Bestimmungen richten.

## 5. Pistolenduell auf Kommando

In der neuesten Zeit hat sich in Frankreich das sogenannte „Pistolenduell auf Kommando" eingebürgert und die anderen von Chatauvillard nominierten sechs Pistolenduelle fast ganz verdrängt.

Das „Pistolenduell auf Kommando" gleich in seinen Regeln dem „Pistolenduell auf Signal" – auch bezüglich der Distanzen – nur wird beim Schießen ein anderer Vorgang beobachtet.

Nachdem der Kampfleiter die Gegner an die Regeln des Kampfes erinnert hat, fragt er die Gegner: „Sind die bereit?" und kommandiert auf die bejahende Antwort: „Feuer, eins, zwei, drei!", wobei er zugleich dreimal in die Hände schlägt.

Das Zählen beginnt unmittelbar nach dem Kommando „Feuer!" und zwischen den drei mit lauter Stimme gezählten Schlägen liegen Pausen von nur einer halben bis eineinhalb Sekunden, je nach der Bedeutung der Affäre und der Geschicklichkeit der Gegner.

Die letzteren dürfen gleich nach dem Kommando „Feuer!" die Pistolen erheben und schießen. Das Recht zum Schießen hört auf, sobald das Wort „Drei" verklungen ist. Die Länge der Pausen zwischen den Schlägen werden von den vier Sekundanten im Vorhinein festgesetzt. Die Pisten müssen den Gegnern absolut unbekannt sein.

Diese Art des Duells ist zweifellos das am wenigsten gefährliche Pistolenduell, besonders wenn die Distanz mit 35 Schritten festgesetzt wird.

Es liegt keine Ursache vor, dass man dieses Duell nicht auch bei uns einbürgere. In dem im Jahre 1897 von der bekannten Pariser Fechtgesellschaft „Contre de Quarte" herausgegebenen sehr respektierten „Code du duel" wird dieses Pistolenduell als das einzig zulässige bezeichnet.

C.

### 6. Pistolenduell mit unterbrochenem Vorrücken

1. Wie Artikel 1 des „Pistolenduells mit Vorrücken".

2. Wie Artikel 2 des „Pistolenduells mit Vorrücken".

3. Nachdem die Sekundanten den Platz ausgesucht, der für den Kampf am geeignetsten ist, bezeichnen sie auf 50-45 Schritte voneinander die beiden Standplätze. Auf der Linie, welche diese verbindet, werden 15 Schritte von jedem Stande einwärts Stöcke oder weiße Taschentücher als Barrieren gelegt, die sonach 20-15 Schritte voneinander abstehen.

4. Die Sekundanten losen um die Standplätze.

5. Die Waffen müssen beiden Gegnern absolut unbekannt und von demselben Paare sein. Diese Bedingung kann selbst durch ein Übereinkommen nicht aufgehoben werden.

6. Die Pistolen müssen von den Sekundanten schon früher untersucht und für den Kampf geeignet erklärt worden sein.

7. Die Sekundanten entscheiden durch das Los, welcher der Gegner unter den Waffen wählen dürfe.

8. Das Laden wird von den Sekundanten besorgt, welche hierbei ohne Übereilung und mit der größten Aufmerksamkeit vorzugehen haben. Zuerst ladet die eine Partei, dann die andere, und eine in Gegenwart der zweiten. Man muss sich durch Einführung desselben Ladestockes von der Gleichheit der Ladungen überzeugen.

9. Die Gegner können veranlasst werden, Röcke und Westen abzulegen und dürfen, wie bei den anderen Duellen, von den Gegensekundanten untersucht werden.

10. Der Kampfleiter lässt durch seinen Gehilfen die Bedingungen des Duells verlesen, hält dann die übliche Ansprache und macht die Gegner aufmerksam, dass die Ehre sie verpflichte, vor seinem Kommando „Vorwärts!" nicht zu schießen.

11. Hierauf werden die Gegner durch die zwei jüngeren Sekundanten auf ihre durch das Los bestimmten Plätze geführt und erhalten dort die Waffen. Die Hämmer befinden sich in Ruhe.

12. Die Sekundanten stellen sich sämtlich auf dieselbe Seite und in eine mit der Schussrichtung parallele Linie, und zwar so, dass jedem Gegner ein fremder Sekundant zunächststeht.

13. Wenn sich die Sekundanten aufgestellt haben, kommandiert der Kampfleiter „Vorwärts!".

14. Wenn das Kommando erfolgt ist, spannen die Gegner und rücken gegeneinander vor. Sie können gerade oder im Zickzack gehen, dürfen sich aber in letzterem Falle nicht mehr als zwei Schritte von der Linie zwischen Standpunkt und Barriere entfernen. Sie können stehenbleiben und zielen, dann, ohne zu schießen, weitergehen; sie können im Gehen zielen, ganz stehen bleiben, bis zu Barriere vorgehen (die jedoch nicht überschritten werden darf) und erst von dort schießen – kurz sie können schießen, wann sie wollen.

15. Wenn der erste Schuss gefallen ist, müssen beide Kämpfer augenblicklich stehenbleiben. Der eine muss die Antwort des anderen, der nicht weiter vorrücken darf, in vollkommener Unbeweglichkeit erwarten. Für die Antwort ist eine halbe Minute festgesetzt. Ist die Zeit verstrichen, dürfen die Sekundanten das Feuer nicht mehr gestatten.

16. Dem Verwundeten ist, vom Augenblicke gezählt, wo er gestürzt ist, eine ganze Minute zur Antwort gegönnt.

17. Wenn der Kampf erneuert wird, bleibt der Vorgang derselbe.
    Nach einer Verwundung kann der Kampf selbst auf Verlangen des Verwundeten nur dann fortgesetzt

werden, wenn ihn seine Sekundanten für kampffähig erklären.

18. Wenn einer der Gegner gegen die Kampfregeln oder getroffenen Vereinbarungen verwundet oder getötet würde, müssen sich die Sekundanten ohne Verzug nach den im 1. Teil, VI, Artikel 32 und 33, enthaltenen Vorschriften richten.

### 7. Pistolenduell auf parallelen Linien

1. Wie Artikel 1 des „Pistolenduells mit Vorrücken".

2. Wie Artikel 2 des „Pistolenduells mit Vorrücken".

3. Nachdem die Sekundanten den Platz ausgesucht, der für den Kampf am geeignetsten ist, ziehen sie auf 15 Schritte voneinander zwei 35 bis 25 Schritt lange parallele Linien.

4. Um die Standplätze, welche sich am entgegengesetzten Ende der zwei Linien befindet, muss von den Sekundanten gelost werden.

5. 6. 7. 8. 9. 10. Siehe die gleichbezeichneten Artikel des „Pistolenduells mit Vorrücken" (betreffend der Waffen und das Laden), welche auch bei diesem Duell vollinhaltlich gültig sind.

11. Die Gegner können veranlasst werden, Röcke und Westen abzulegen und dürfen, wie bei den anderen Duellen, von den Gegensekundanten untersucht werden.

12. Der Kampfleiter lässt durch seinen Gehilfen die Bedingungen des Duells verlesen, hält dann die übliche Ansprache und macht die Gegner aufmerksam, dass die Ehre sie verpflichte, vor seinem Kommando „Vorwärts!" nicht zu schießen.

13. Hierauf werden die Gegner durch die zwei jüngeren Sekundanten auf ihre durch das Los bestimmten Plätze geführt und erhalten dort die Waffen. Die Hämmer befinden sich in Ruhe.

Die Gegner haben sich so aufzustellen, dass sie einander schräg gegenüberstehen. Jeder hat die Linie des anderen zur Rechten.

14. Die Sekundanten stellen sich paarweise hinter den Gegner ihres Klienten. Sie müssen sich, um gegen das Feuer geschützt zu sein, etwas nach rechts halten, doch nur so viel, dass sie, wenn es nötig wäre den Kampf einzustellen, augenblicklich bei der Hand sind.

15. Wenn sich die Sekundanten aufgestellt haben kommandiert der Kampfleiter: „Vorwärts!"

16. Sobald das Kommando gegeben ist, spannen die Gegner und es kann nun jeder auf seiner Linie vorrücken. Würde der eine stehen bleiben, selbst auf seinem Standpunkte, so kann sich ihm der andere, der vorgeht, da die Linie, 15 Schritte voneinander entfernt sind, stets bis auf diese Distanz nähern.

17. Wer schießen will, muss stehen bleiben, aber man darf stehen bleiben ohne zu schießen, und

nachdem man das Feuer des Gegners empfangen hat, wieder vorrücken. Jeder kann dann schießen, wenn es ihm vorteilhaft dünkt.

18. Derjenige, welcher geschossen hat, muss das Feuer seines Gegners vollkommen unbeweglich erwarten. Die Antwort muss binnen einer halben Minute erfolgt sein. Ist diese Frist verstrichen, so ist das Recht zum Schießen erloschen.

19. Der Verwundete muss seinem Gegner – welcher zum weiteren Vorrücken nicht verpflichtet ist – binnen zwei Minuten, gezählt vom Moment des Sturzes, beantwortet haben.

20. Wenn das Duell fortgesetzt werden soll, bleibt der Vorgang derselbe.

21. Im Falle einer Verwundung kann der Kampf nur auf ausdrückliches Verlangen des Verwundeten und nur mit Genehmigung seiner Sekundanten erneuert werden.

22. Wenn einer der Gegner gegen die Kampfregeln oder getroffenen Vereinbarungen verwundet oder getötet würde, müssen sich die Sekundanten ohne Verzug nach den im 1. Teil, VI, Artikel 32 und 33, enthaltenen Vorschriften richten.

# DRITTER TEIL

## Die außergewöhnlichen Duelle

Da die im zweiten Teil beschriebenen Arten des Duells sowohl in den Augen der öffentlichen Meinung als in denen eines jeden Ehrenmannes hinlänglich Kraft besitzen, um selbst der schwersten Beleidigung Genugtuung zu schaffen, müssen die außergewöhnlichen Duelle, als die Grenzen des Notwendigen willkürlich überschreitend, entschieden verurteilt werden. Und wenn man die einzelnen Fälle, wo solche Kämpfe zur Anwendung kommen, näher untersucht, findet man auch, dass die meisten derselben mit dem edlen Mute, eine Beleidigung abzuwaschen, nicht das Geringste gemein haben, sondern nur Groll, Hass, Rachsucht und blinde Leidenschaft die Rolle spielen.

Niemand, und wenn er in der schwersten Art beleidigt hätte, ist verpflichtet, ein außergewöhnliches Duell zu akzeptieren; es kann ein solches nur im freiwilligen Einverständnisse der beiden Widersacher zustande kommen. Doch selbst dann, wenn diese beiden es verlangen sollten, müssten es ganz außerordentliche, sich nur äußerst selten ergebene Fälle sein, wo wie Sekundanten ein solches Duell Platz greifen lassen könnten\*. Es müssen letztere Tatsachen und

---

Ein solcher Fall träte vielleicht ein, wenn ein derartig invalider Mann, dass die Chancen zwischen ihm und seinem Gegner in einem gewöhnlichen Duell ganz und gar ungleich wären, in der tödlichsten Art beleidigt worden wäre.

Deren Motive mit der peinlichsten Aufmerksamkeit untersuchen und alles nur Erdenkliche anwenden, um die Angelegenheit im Wege des gewöhnlichen Duells zu schlichten, ja sie sollen selbst auch auf dem Kampfplatze noch dahin wirken, dass ihr Klient seinen Entschluss in diesem Sinne ändere.

Es ist selbstverständlich, dass dort, wo ein außergewöhnliches Duell zur Sprache kommt, der bei den gewöhnlichen Duellen herrschenden Sitte, sich den Ansichten seiner selbstgewählten Sekundanten unterzuordnen, keine Beachtung zufällt und jedermann einen auf ein derartiges Duell abzielenden Verschlag seiner Sekundanten anstandslos zurückweisen kann. Ebenso wird es niemand, selbst seinem besten Freunde verargen können, wenn dieser die Übernahme der Sekundantenrolle in einem außergewöhnlichen Duelle zurückweist.

Schließlich sei noch bemerkt, dass im Falle man im gegenseitigen Einvernehmen ein außergewöhnliches Duell beschließt, nicht nur die Regeln und Bedingungen des Kampfes mit minutiöser Genauigkeit, sondern auch die Gründe, welche die Sekundanten bewogen, einen solchen Kampf zuzulassen, zu Protokoll gebracht werden müssen, das Protokoll hat von Gegnern und Sekundanten gefertigt zu sein.

Wir wollen von den außergewöhnlichen Duellen

die nachfolgenden anführen*:

1. Pistolenduell auf kürzeste Distanz;

2. Pistolenduell mit ununterbrochener Bewegung auf parallelen Linien;

3. Pistolenduell - nur ein Lauf gelanden.

### 1.Pistolenduell auf kürzeste Distanz

Bei diesem Duell werden die Regeln des „Pistolenduells mit festem Standpunkte und freiem Schusse" mit den nachfolgenden Artikeln in Einklang gebracht:

1. Die Distanz ist 10 Schritte**

2. Die Waffen müssen den Gegnern absolut unbekannt sein und demselben Paare angehören. Es wird gelost, welcher der Gegner unter den Pistolen wählen dürfte.

3. Das Duell kann eventuell fortgesetzt werden.

---

*) Die außergewöhnliches Duelle: „Das Duell zu Pferd" – „Das Duell mit dem Karabiner" – „Das Duell mit dem Gewehre" glauben wir übergehen zu dürfen. In Amerika soll man sich auch mit dem Revolver schießen. Was das sogenannte „amerikanische Duell" betrifft, so ist das kein Duell; vor allen schon darum nicht, weil zu einem Duell Sekundanten gehören.

**) Sie kann aber auch größer sein und das Duell bleibt doch ein außergewöhnliches; das ist nur der strengste Fall. Legal wird der Kampf erst bei 25 Schritten.

## 2. Pistolenduell mit ununterbrochener Bewegung auf parallelen Linien.

Die Regeln des „Pistolenduells auf parallelen Linien" werden hier durch die folgenden Artikel verändert:

1. Man zieht zwei 35 Schritte lange und 25 Schritte voneinander entfernte Linien.

2. Die Waffen haben den Kämpfern absolut unbekannt zu sein. Um das Recht des Wählens wird gelost.

3. Die Gegner haben auf das „Vorwärts" auf ihren Linien alsogleich vorzurücken. Sie dürfen den Marsch nicht unterbrechen, müssen gehen schießen und, wenn sie geschossen haben, die Antwort in gleichem Takte weitermarschieren.

4. Für die Antwort, selbst für jene des Verwundeten, ist nur solange Platz, als der, welcher sein Feuer abgegeben, nicht den Endpunkt seiner Linie erreicht hat.

5. Wenn keine Verwundung erfolgt, kann der Kampf zwar fortgesetzt werden, doch ist es Gebrauch, nur einen Kugelwechsel zu vereinbaren*.

---

*) Auf den ersten Blick erscheint dieses Duell unter allen Pistolenduellen das am wenigsten gefährliche und man wundert sich fast, warum es nicht unter die gebräuchlichen Duelle eingereiht wurde. Wenn man dasselbe jedoch näher betrachtet, so sieht man bald, dass es für einen der Gegner sogar sehr gefährlich werden kann und dasselbe ganz mit Recht zu den außergewöhnlichen Duellen gezählt wird.

## 3. Pistolenduell – nur ein Lauf geladen*

Die bei den anderen Pistolenduellen gebräuchlichen Regeln werden hier mit den folgenden in Übereinstimmung gebracht:

1. Die Läufe der Pistolen dürfen unter keinen Umständen gezogen sein.

2. Der durch das Los zur Leitung des Duells bestimmte Sekundant und sein Gehilfe bleiben bei den Gegnern zurück, während sich die zwei jüngeren Sekundanten – falls sich kein Objekt in der Nähe befindet, das sie den Blicken vollkommen entzieht - auf mindestens 60 Schritte vom Kampfplatze entfernt. Sie laden nur eine der Pistolen; die andere wird nur mit einem Zündhütchen versehen. Ist dies geschehen, haben sie die zurückgebliebenen zu avisieren, worauf sich der Gehilfe zu ihnen begibt , die Waffen übernimmt und sie dem Kampfleiter überbringt.

3. Letzterer gibt die Pistolen hinter seinem Rücken, nähert sich dem Gegner, welchem durch das Los das Recht der Wahl zugefallen ist, und fragt: „Rechts oder links?" Dann übergibt er ihm jene Pistole, die er in der rechten oder linken Hand hält.

4. Die Sekundanten, welche die Waffen geladen, begeben sich auf 20 Schritte hinter ihre in gewöhnlicher Ordnung und 4 Schritte von den

---

*) Dieses Duell ist das sogenannte: „Übers Sacktuch schießen."

Gegnern entfernt stehenden bewaffneten Kollegen.

5. Man übergibt den Gegnern ein Taschentuch, welche dieses an zwei diagonal gegenüberliegenden Enden erfassen.

6. Der Kampfleiter sagt nun zu den Gegnern: „Ich widerhole Ihnen, meine Herren, dass die Ehre Sie verpflichtet, auf das Signal, welches ich durch eine einzigen Händeschlag geben werde, zu achten und, sobald Sie dasselbe hören, augenblicklich und gleichzeitig abzudrücken."

Einige Sekunden später gibt er das Signal, indem er kräftig in die Hände schlägt.

7. Wenn einer der Kämpfer vor dem Signal feuert, ist sein Gegner berechtigt, ihn wie er will über den Haufen zu schießen\*.

8. War dem so Handelnden die geladene Waffe zugefallen und hat er den Gegner getötet, so sind die Sekundanten bei ihrer Ehre verspflichtet, den Fall sogleich zu Protokoll zu nehmen und gegen den Meuchelmörder ohne Verzug die gerichtliche Verfolgung einzuleiten.

---

\*) Die Strenge dieses Artikels findet darin ihre Begründung, dass ein ehrloser Mensch folgendermaßen denken könnte: „Ich werde früher abschießen; habe ich die geladene Pistole, bin ich des Gegners umso eher los, ist mir die ungeladene zugefallen, so habe ich die Hoffnung, dass mein Gegner, froh, sein eines Leben der Gefahr enthoben zu sehen, einer Regung der Großmut folgend auch mein Leben schonen wird." Und der Mann hätte zumeist richtig gedacht.

# VIERTER TEIL

## Das Duellprotokoll

Auf den vorhergehenden Seiten wurden wiederholt Fälle erwähnt, wo die Sekundanten veranlasst werden, bei der Austragung von Ehrenaffären Protokolle aufzunehmen. Man soll indessen weitergehen und über jedes Duell ein Protokoll aufnehmen, in welchem in logischer Form eine Skizze der Beratungen der Sekundanten wird und ihre auf Grund der Duellregeln getroffenen Entscheidungen aufgezählt werden, etwas, was heute auch schon fast überall zu geschehen pflegt.

Die Vorteile eines solchen Verfahrens sind mannigfach. Den Gegnern wird die Garantie geboten, dass ihre Sache eine gewissenhafte Vertretung findet, während die Sekundanten gegen jeden Vorwurf der Übereilung gesichert werden; allen nachträglichen Streitigkeiten und Unregelmäßigkeiten wird möglichst der Boden entzogen; falls die Angelegenheit Gegenstand einer gerichtlichen Untersuchung wird, können die Parteien beweisen, dass sie korrekt und human vorgegangen sind; die Gegner sind in der Lage, stats augenblicklich klarzustellen, dass sie die Sache in regelrechter Weise geschlichtet haben usw.

Es wird deshalb nicht überflüssig sein, auf die Formen solcher Protokolle hinzuweisen. Doch halten wir vorher einige Bemerkungen für notwendig.

Vor allem muss hervorgehoben werden, dass einzelne, in den Duellregeln angegebenen Fälle ausgenommen, die Abfassung von Protokollen nicht obligatorisch ist, das heisst, dass deshalb weil bei der Regelung einer Ehrenaffäre die Vertreter kein Duellprotokoll aufgenommen hätten, nicht gesagt werden könnte, dass die Austragung der Angelegenheiten nicht korrekt, nicht im Sinne der Duellgebräuche erfolgt sei. Chatauvillard hat ein Duellprotokoll nicht gekannt und als im Jahre 1880 die erste Ausgabe das vorliegenden Buches erschien, wurde in derselben des Protokolls noch nicht gedacht, zumal man bei uns ein solches damals noch kaum kannte. Erst in der Ausgabe des Jahres 1884 speilt das Protokoll insoweit eine Rolle, als wir der in Frankreich zur Geltung gelangten Reform Erwähnung taten, sie zur Darnachachtung empfahlen und einige Fingerzeige für die Art der Verfassung von Protokollen gaben. Die empfohlene Neuerung wurde auch, da ihre Vorteile nicht anders als gewürdigt werden können, sehr freundlich aufgenommen, so dass heute das Duellprotokoll bereits in allen Duellbüchern eine hervorragende Rolle spielt und von einer Ehrenaffäre als unzertrennlich gilt. Trotzdem ist es, wie gesagt, keine Duellregel, dass ein Duellprotokoll verfasst werden müsse, und es kommen auch heute Duelle vor, bei welchen keine Protokolle aufgenommen werden.

Die richtige Abfassung von Protokollen macht nicht selten Schwierigkeiten. Man kann sich auch nicht gut nach Mustern richten, weil es ebenso viele verschiedene Duellprotokolle gibt, als Ehrenaffären. Selbst ganz konforme Beleidigungen werden je nach den Menschen und Verhältnissen, die im Spiele sind, in einer verschiedenen Beleuchtung erscheinen. Deshalb sehen wir auch in den verschiedenen Publikationen, welche sich mit den Duellgewohnheiten befassen, die Frage der Abfassung von Duellprotokollen sehr bedachtsam behandelt. Es werden wohl einzelne Anhaltspunkte für deren Zusammenstellung gegeben, Beispiele aber, welche sich auf konkrete Fälle beziehen, fehlen. Selbst Du Verger und Croabbon lassen solche Beispiele vermissen, und erst neustens haben die Fürsten Bibesco und D'Esclands in ihrem „Conseils pour les duels" einen Fall anschaulich durchgeführt. Aber auch dort, wo Anhaltspunkte gegeben werden, sind die Auffassungen darüber, was ins Protokoll gehört, geteilt. Der Autor will ein kurzes, der andere ein detailliertes Protokoll, der eine legt aus diesen, der andere auf jenen Umstand Gewicht, so dass Sekundanten, welche wenig Erfahrung besitzen, die richtige Orientierung nicht zu finden wissen und nicht selten Irrtümer begehen, welche für ihre Klienten höchst unangenehm werden können.

Diese Umstände vor Augen haltend, möchten wir zur Klärung der Frage unsere Auffassung kennzeichnen, um dann die Formen für Duellprotokolle festzusetzen und einige Beispiele von kompletten Protokollen zu geben, die minder geübten Sekundanten bezüglich ihres Verhaltens die Richtung weisen werden.

Welchen Zweck haben Duellprotokolle? Einen dreifachen. Vorerst soll das Protokoll ein Beweisstück sein dafür, dass für eine Beleidigung die von der Gesellschaft verlangte Genugtuung tatsächlich gesucht wurde, dann beweisen, dass die Sekundanten ihre Pflicht, ritterlich und human vorzugehen nachgekommen sind, und drittens dartun, dass bei der Austragung der Affäre, sei es friedlich oder mit Waffen, die Duellgewohnheiten respektiert wurden. Entspricht das Protokoll diesen Anforderungen, dann ist dasselbe auch gut, und zwar umso besser, in je kürzerer Form es seiner Aufgabe gerecht wird, weshalb es auch überflüssig wäre, im Protokoll die unterschiedlichen Duellregeln des langen und breiten zu wiederholen. Diese werden in den mündlichen Pourparlers [Verhandlungen] zwischen den Sekundanten ohnedies erörtert und es genügt, wenn man das Resultat der Debatten in Form einer Entscheidung niederschreibt. Das Protokoll dient nicht dazu, Reden und Duellregeln zu zitieren, sondern hat den Geist und das Resultat der Verhandlungen ersichtlich zu machen. So werden oft die Ergebnisse von tagelangen Verhandlungen in wenigen Zeilen zusammengefasst und dem Protokoll kann doch die vollkommene Korrektheit nicht abgesprochen werden.

Was die Forderung anbetrifft, dass ein Protokoll den Beweis dafür liefern soll, dass für eine Beleidigung Genugtuung gesucht wurde, so wird dieser vollständig entsprochen, wenn das Verlangen um Genugtuung für die erfolgte Beleidigung konstatiert wird. Es ist dabei in der Regel nicht notwendig, die Beleidigung zu wiederholen oder sie zu charakterisieren. Dies geschieht in den mündlichen Verhandlungen ohnedies. Wie wäre es denn dann, wenn man überhaupt kein Protokoll – welches ja nicht obligatorisch ist – aufnehmen würde? Außerdem gibt es auch Beleidigungen, wie beispielsweise solche, wo von Frauenehre die Rede ist, die gar nicht ins Protokoll kommen können, nicht zu reden davon, dass selbst die Duellregeln Fälle kennen, wo die Sekundanten davon absehen dürfen, den Grund der Differenzen kennen zu lernen. Wir halten sonach dafür, dass die Beleidigung im Protokoll in der Regel nicht spezifiziert werden braucht. Wozu auch? In vielen Fällen müsste dies auch das Feingefühl verletzen. Doch kann es Fälle geben, wo die Beleidigung angeführt werden muss, wie beispielsweise solche, wo die Bestimmungen oder Entscheidungen des Protokolls sonst unverständlich wären. In anderen Fällen hat es wieder keine Bedeutung, ob die Beleidigung widerholt wird oder nicht. Die Regel sollte aber sein, dass man die Beleidigung, wenn es der Verständlichkeit wegen nicht unbedingt notwendig ist, nicht wiederholt. Die Entscheidung bleibt dem Takte und der Einsicht der Sekundanten überlassen.

Der Beweis dafür, dass die Sekundanten ritterlich und human vorgegangen sind, wird durch den Tenor des Protokolls und durch die Konstatierung der

Tatsache erbracht, dass der friedliche Ausgleich angestrebt worden ist. Der Forderung aber, dass die Austragung der Affäre eine korrekte sei, wird in der Weise entsprochen, dass man sich mit peinlicher Sorgfalt an die Duellregeln hält und alle Unregelmäßigkeiten und Rekriminationen [Gegenbeschuldigungen] im vorhinein unmöglich macht. Auf diesen Teil des Protokolls ist das Hauptgewicht zu legen, denn hier wird um Ehre und Menschenleben entschieden. Diese dritte Forderung, die übrigens mit der vorher besprochenen in enger Relation steht, war es auch welche vor allem dazu gedrängt hat, von der Gewohnheit, Duelle auf Basis mündlicher Vereinbarungen auszutragen, abzuweichen und das Resultat der Beratungen in Protokollen zusammenzufassen.

Natürlich pflegen sich die Verhandlungen der Sekundanten nicht immer glatt abzuwickeln, da die persönlichen Empfindungen bei Ehrenaffären auf beiden Seiten sich ungemein intensiv geltend machen und die Regeln, auf Grund deren die Erledigung der Affäre erfolgen soll, sehr zahlreich sind und Situationen schaffen, deren richtige Lösung große Objektivität erfordern. Welche Komplikationen sich aber auch ergeben mögen, ihre Entwirrung soll immer auf dem Wege mündlicher Auseinandersetzungen geschehen, so dass im Duellprotokoll nur die Resultate der Verhandlungen enthalten sein sollen. Selbstverständlicher und überflüssige Details sind zu vermeiden, wie auch alle Auseinandersetzungen beiseite zu lassen sind. Der Stil des Protokolls soll präzis, deutlich und höflich sein.

Das Duellprotokoll besteht auf zwei Teilen, von denen der erste jedenfalls die folgenden Punkte enthalten soll:

1. Ort Tag und Stunde der Zusammenkunft.

2. Angabe, dass das „Protokoll" von den Unterzeichneten in Angelegenheit der zwischen Herren A und B entstandenen Differenzen aufgenommen wurde.

3. Konstatierung der Forderung und Antwort auf dieselbe. Angabe, dass die Angelegenheit geprüft wurde und die Tatsachen festgestellt worden sind.

4. Wenn ein friedlicher Ausgleich der Differenzen nicht erzielt werden kann, Konstatierung dieses Umstandes.

5. Angaben der von den Vertretern des Beleidigten geforderten Art der Satisfaktion mit der Waffe. Antwort der gegnerischen Sekundanten.

6. Die getroffenen Vereinbarungen, u. zw. beim Säbelduell die Art desselben, die Art der Säbel, der Bandagierung und die Feststellung, wann das Duell sein Ende zu nehmen hat; beim Pistolenduell die Art des Duells, die Distanz, die Schießzeit, die Zahl der Kugelwechsel, die Art der Waffen, die Bestimmungen, ob der Versager als Schuss gilt, die Feststellung, wann der Kampf sein Ende findet, und was noch für den

regelrechten Verlauf des Kampfes wesentlich erscheint.

7. Die Bestimmung des Ortes, des Tages und der Stunde des Zusammentreffens.

8. Angabe, dass nur die obigen und sonst keinerlei Vereinbarungen getroffen wurden.

9. Unterschrift der vier Sekundanten unter Angabe der Person, welche sie vertreten.

Der Zweite Teil des Protokolls besteht aus folgenden Punkten:

10. Angabe, dass das Duell gemäß der vereinbarten Bedingungen stattgefunden hat.

11. Angabe, ob eine Verwundung erfolgte, welcher der Gegner verwundet wurde und welcher Art die Verwundung war.

12. Angebe, ob nach dem Duell eine Versöhnung stattfand.

13. Ort, Datum, Stunde.

14. Unterschrift der vier Sekundanten.

Dies wäre der Rahmen eines Protokolls, der dann den Verhältnissen entsprechend erweitert oder zusammengezogen werden kann. Diesbezüglich sei bemerkt:

a) Wenn die Satisfaktionsfähigkeit des einen der Gegner unter Anführung von Tatsachen in Zweifel gezogen würde und die Sekundanten die Verweisung der Angelegeheit an ein Ehrengericht beschließen, wird dies an der mit 3 bezeichneten Stelle des Protokolls bemerkt. Die Vertreter stellen dort zugleich die Art der Zusammenstellung des Ehrengerichtes fest, formulieren kurz die dem Ehrengerichte vorzuliegenden Fragen und bemerken, dass sie und ihre Mandanten dich dem Urteile des Ehrengerichtes bedingungslos unterwerfen. Das Protokoll wird dann abgeschlossen, unterfertigt und bildet die Basis des ehrengerichtlichen Vorganges. Nach erfolgtem Urteil wird das Protokoll mit dem Hinweis auf das Urteil fortgesetzt.

b) Punkt 3 ist auch derjenige, wo ein allfällige Ablehnung der Forderung verzeichnet wird, womit das Protokoll natürlich auch zum Abschlusse kommt. Hier kommen auch die eventuellen Fragen bezüglich der Vertretung des Beleidigten, des Alters der Gegner, des Irrtums in der Person usw. zu Verzeichnung.

c) Wird eine Angelegenheit durch eine Entschuldigung seitens des Beleidigers friedlich erledigt, so gehört dies an die mit 4 bezeichnete Stelle. Desgleichen wird es bei dieser Stelle des Protokolls verzeichnet, wenn die Sekundanten im gegenseitigen Einverständnisse finden sollten, dass die Affäre auf einem Missverständnisse beruht oder solcher Natur ist, dass für ein Duell keine Ursache vorliegt. Das Protokoll kann dann nach der Bemerkung, dass die Affäre hiermit ritterlich erledigt wurde, abgeschlossen werden.

d) Sollten die Sekundanten des Beleidigers bezüglich der vom Beleidigten gewählten Waffe aus welchen Gründen immer Einwendungen erheben, so wird dies bei Punkt 5 erwähnt. Wird die Bestimmung der Waffe einer unparteiischen Person oder einem Waffengerichte überlassen, so ist das gleichfalls hier zu verzeichnen und das Protokoll vorläufig abzuschließen.

e) Vermögen die Sekundanten über die Art des Säbel- oder Pistolenduells, über die Zahl der Kugelwechsel oder überhaupt über einzelne maßgebende Details des Kampfes nicht übereinzustimmen und beschließen sie die Appellation an ein Waffengericht oder eine bestimmte Person, so gehört das zum Punkt 6. Das Protokoll wird bis zu Fällung des Urteils zum Abschluss gebracht.

f) Fall es die Sekundanten für gut erachten, können sie vor dem Abschließen des zweiten Teils des Protokolls, das ist nach der mit 12 bezeichneten Stelle, bemerken, dass sie die Affäre hiermit als auf ritterlichem Wege geordnet erklären. Doch geht dies schon aus dem Protokoll selbst hervor. Wenn indessen die Affäre im Sinne des bei c) Gesagten irgend eine Form der friedlichen Lösung fände, so soll diese Bemerkung nicht fehlen.

g) Vom zweiten Teile des Protokolls wird sehr häufig abgesehen, doch sollte auch an diesen nie vergessen werden. Wenn beim Kampfe die Regeln verletzt werden sollten, ist dies an der mit 10 bezeichneten Stell des Protokolls zu verzeichnen.

h) Das Protokoll ist in zwei Exemplaren zu führen, da jeder Gegner eine Anschrift zu bekommen hat.

So gibt es noch viele, im Vorhinein unmöglich festzustellende Umstände, welche die Gestalt des Protokolls beeinflussen können, doch ist der hier gegebene Rahmen jedenfalls ein solcher, in welchen bei einem korrekten Vorgehen der Sekundanten alle bei der Behandlung einer ritterlichen Affäre sich ergebenden Erscheinungen eingepasst werden können. Die Hauptsache bleibt, dass auf die Verfassung eines Protokolls bei jeder Ehrenaffäre, sie mag noch so belanglos erscheinen, Bedacht genommen wird.

Zum Schlusse seien einige markante Beispiele von Protokollen angeführt, wobei wir nochmals darauf hinweisen, dass die Duellregeln zwingende Formen für Protokolle nicht kennen und aus dem Grunde auch nicht kennen können, weil keine Ehrenaffäre der anderen gleicht. Darum haben diese Beispiele auch nur den Zweck, minder erfahrenen Sekundanten zu zeigen, in welcher Weise Duellprotokolle zu entwerfen sind.

## FALL 1

*W., 30. September 1902, nachmittags, 4 Uhr.*
## Protokoll

Aufgenommen von den Unterzeichneten in Angelegenheiten der zwischen den Herren B. C. und A. B. entstandenen persönlichen Differenzen.

Die Herren D. F. und G. H., als Bevollmächtigte des Herrn B. C., führen aus, dass ihr Mandatgeber sich durch näher bezeichnete Stellen eines am 29. d. M. an ihn gerichteten Briefes des Herrn A. B. beleidigt fühlt und von Herrn A. B. Genugtuung verlangt, die Herren J. K. und M. N., als Vertreter des Herren A. B., bieten im Namen desselben die Genugtuung an.

Nachdem die Angelegenheit geprüft und die Tatsachen festgestellt werden, ergaben die weiteren Verhandlungen, dass ein Ausgleich auf friedlichem Wege nicht zu erzielen sei. Die Vertreter des Herrn B. C. des Beleidigten, proponieren als Waffe des Duells den Säbel. Die Vertreter des Herrn A. B. nehmen diesen Antrag zur Kenntnis und wird im gegenseitigen Einvernehmen festgesetzt, dass das Duell mit gewöhnlichen Duellsäbeln auszutragen und bis zu Kampfunfähigkeit fortzusetzen ist. Volle Bandagen. Stich nicht gestattet. Ort: Fechtsaal H. K., L.-Gasse 4. Zeit: 1. Oktober 1902, mittags 12 Uhr. Andere Vereinbarungen wurden nicht getroffen.

| | |
|---|---|
| **D. F.** | **J. K.** |
| **G. H.** | **M. N.** |
| Vertreter des Herren B. C. | Vertreter des Herren A. B. |

Das Duell hat im Sinne der festgestellten Bestimmungen stattgefunden und endete im ersten Gange mit einer erheblichen Verwundung des Herrn A. B. an der rechten oberen Handfläche. Die Gegner versöhnten sich.

*W., 1. Oktober 1902 12½ Uhr.*

| | |
|---|---|
| **J. K.** | **D. F.** |
| **M. N.** | **G. H.** |

## FALL 2

*W., 10. Oktober 1902, abends 10 Uhr.*

## Protokoll

Aufgenommen von den Unterzeichneten in der zwischen den Herren A. B. und C. D. erstandenen Ehrenangelegenheiten.

Die Herren E. F. und G. H., als Vertreter des Herren C. D., fordern vom Herren A. B. für die Herrn C. D. am 8. Oktober l. J. im Kasino zu L. zugefügte Beleidigung ritterliche Genugtuung. Die Herren J. J. und K. L., als Vertreter des Herrn A. B. erklären im Namen desselben, dass er jedem, der sich durch ihn beleidigt fühlt, Genugtuung zu geben bereit sei. Doch haben sie durch einen in ihren Händen befindlichen Brief des Herrn M. N. heute davon Kenntnis erhalten, dass Herr C. D. von M. N. im Vorjahre, in Gegenwart von Zeugen, beleidigt wurde, ohne dass C. D. in der Sache etwas getan hätte. Sie könnten sonach in eine Erörterung der vorliegenden Angelegenheiten erst eingehen, wenn die Satisfaktionsfähigkeit des Herrn C. D. durch ein Ehrengericht festgestellt worden ist. Die Herren E. F. und G. H. erklären, dass ihnen von der erwähnten Affäre zwischen den Herren C. D. und M. N. nichts bekannt sei. Sie wollen sich indessen informieren und ersuchen darum die Sitzung zu unterbrechen und dieselbe morgen Vormittag 11 Uhr fortzusetzen. Die Vertreter des Herrn A. B. stimmen diesem Verlangen bei.

| | |
|---|---|
| J. J. | E. F. |
| K. L. | G. H. |
| Vertreter des Herrn A. B. | Vertreter des Herrn C. D. |

*W. 11. Oktober 1902, vormittags 11 Uhr.*

Die Vertreter des Herrn C. D. erklären, dass die Behauptung des Herrn M. N. nach ihren Informationen unwahr sei, zumal es gerade Herr C. D. war, der M. N. am 16. Juli 1901 im Kurgarten zu V. beleidigte. Sie wiederholen daher ihr verlangen um Genugtuung. Die Herren J. J. und K. L. halten an ihrem Standpunkte fest, da in dem Briefe des Herrn M. N. auch Zeugen der Szene genannt sind und M.N. als eine vertrauenswürdige Persönlichkeit bekannt ist. Die Herren E. F. und G. H. stimmen, um die Affäre in V. ein für alle Mal klarzustellen, der Einberufung eines Ehrengerichtes zu.

Es wird beschlossen, das an ein von beiden Seiten durch zwei Mitglieder beschicktes Ehrengericht die Frage gerichtet werden soll: „Ist im Zusammenhange mit dem zwischen den Herren C. D. und M. N. am 16 Juli 1901 stattgehabten Auftritt die Satisfaktionsfähigkeit des Herrn C. D. berührt worden?" Die Sekundanten der beiden Parteien erklären zugleich in ihrem eigenen wie im Namen ihrer Klienten, dass diese sich dem Urteile des Ehrengerichtes bedingungslos unterwerfen. In Angelegenheiten der Vorbereitung des Ehrengerichtes werden die Herren E. F. und J. J. miteinander in Verbindung bleiben.

**E. F.**                                               **J. J.**
**G. H.**                                            **K. L.**

*W., 12. Oktober 1902, nachmittags 2 Uhr.*

Das heute vormittags 10 Uhr zusammengetretene Ehrengericht hat laut beiliegenden Protokolls einstimmig dahin geurteilt, dass die Satisfaktionsfähigkeit des Herrn C. D. keinem Zweifel unterliegt.

Auf Grund dieses Urteils bieten die Vertreter des Herrn A. B. in dessen Namen die unbedingte Satisfaktion an. Es wurde hierauf die Angelegenheit untersucht und der Tatbestand festgestellt. Auch die friedliche Austragung der Affäre wurde zum Gegenstande der Erörterungen gemacht, doch konnte in dieser Beziehung ein Resultat nicht erzielt werden, so dass eine Austragung mit den Waffen als unvermeidlich erkannt wird.

Die Herren E. F. und G. H. währen als Waffe die Pistole. Sie heben hervor, dass ihr Klient in schwerster Art beleidigt wurde und wünschen dreimaligen Kugelwechsel mit eigenen Pistolen. Die Herren J. J. und K. L. proponieren ein Säbelduell, dessen Bedingungen der Gegner frei bestimmen möge. E. F. und G. H. halten am Pistolenduell und ihren Vorschlägen fest. J. J. und K. L. respektieren die Rechte des Gegners, erachten in dessen im gegebenen Fall zwei Kugelwechsel mit unbekannten Pistolen für hinreichend. Da kein übereinkommen erzielt werden konnte, wird im gegenseitigen Einverständnisse beschlossen, einem von beiden Seiten durch je ein Mitglied beschickten Waffengericht, dessen Urteil dich die beider-seitigen Sekundanten bedingungslos unterwerfen, die Entscheidung darüber zu überlassen, wie viele Kugelwechsel stattfinden sollen und welche Art von Pistolen zu gebrauchen ist. Die Herren G. H. und K. L. werden in Sachen der Vorbereitung des Waffengerichtes miteinander in Verbindung bleiben und den Fall beim Waffengerichte vertreten.

**J. J.**                        **E. F.**
**K. L.**                      **G. H.**

*W. 12. Oktober 1902, nachmittags 5 Uhr.*
Das heute nachmittags 4 Uhr zusammengetretene Waffengericht hat nach dem angeschlossenen Protokoll sich dahin ausgesprochen, dass im vorliegenden Falle zwei Kugelwechsel mit glatten neuen Pistolen genügen.

Die Bedingungen des Duells werden wie folgt zusammengesetzt: „Pistolenduell mit Vorrücken", Distanz 30 Schritte, die zwei Barrieren 5 Schritte vom Standpunkte, die kürzeste Distanz daher 20 Schritte, zweimaliger Kugelwechsel mit glatten neuen Pistolen, die vom Büchsenmacher zu laden sind und versigelt auf den Kampfplatze gebracht werden, 15 Sekunden Schießzeit, während beide Gegner ihre Schüsse abgegeben haben müssen. Versager gilt als Schuss. Der Kampf nimmt der Verwundung auch nach dem ersten Kugelwechsel ein Ende. Das Duell leitet Herr J. J., die Schiesszeit zählt Herr G. H. Ort städtisch gedeckte Reitschule, Zeit 13. Oktober, nachmittags 2 Uhr. Sollte bezüglich des Ortes oder der Stunde eine Veränderung eintreten müssen, wird dies Herr G. H. den Parteien rechtzeitig bekanntgeben.

Anderes wurde nicht vereinbart.

**E. F.** **J. J.**
**G. H.** **K. L.**

Das Duell hat in vereinbarter Weise am bezeichneten Ort um 3 Uhr nachmittags stattgefunden und ist resultatlos verlaufen. Die Gegner haben sich nicht versöhnt.

*W., 13. Oktober 1902, nachmittags 3¼ Uhr.*

**E. F.** **J. J.**
**G. H.** **K. L.**

## BEILAGE 1.
### Protokoll

aufgenommen in der Ehrengerichtsangelegenheit der Herren A.B. und C.D.

Das unterzeichnete Ehrengericht hat die ihm vorgelegten Angelegenheiten eingehend geprüft und spricht einstimmig aus, dass die Satisfaktionsfähigkeit des Herrn C. D. keinem Zweifel unterliegt.

*W., 12. Oktober 1902*

**P. P.**         **S. U.**
**R. T.**    **K.K.**    **Z. W.**
             Präsident

## BEILAGE 2
### Protokoll

aufgenommen in der Ehrengerichtsangelegenheit der Herren A.B. und C.D.

Das Duellgericht ist der Ansicht, dass in dem vorliegenden Falle zwei Kugelwechsel mit glatten neuen Pistolen genügen

*W., 12. Oktober 1902.*

**L. D.**      **K. K.**      **R. E.**
             Präsident

## FALL 3

*W., den 20. November 1902, nachmittags 4 Uhr.*

## Protokoll

aufgenommen in Sachen der zwischen den Herren G. G. und A. C. obschwebenden ritterlichen Differenzen. Anwesend die Unterzeichneten.

Herr G. G. fühlt sich dadurch, dass Herr A. C. am 19 d. M. im Hause des Herrn A. C. seine dargereichte Hand nicht annahm, beleidigt und verlangt auf dem Wege seiner Vertreter, der Herren G. O. und L. R., ritterliche Genugtuung, Herr A. C., vertreten durch die Herren A. A. und C. D., ist bereit, die Genugtuung zu geben.

Nachdem die Tatsachen geprüft und der Tatbestand festgestellt wurde, führen die Verhandlungen zu einem friedlichen Ausgleich, indem die Vertreter des Herrn A. C. in dessen Namen die folgende Erklärung abgaben: „Herrn G. G. sind die Gründe der Aufregung, in der sich Herr A. C. gestern befand, bekannt. A. C. spricht über sein Vorgehen Herrn G. G. gegenüber sein Bedauern aus und ersucht diesen, sein Verhalten zu entschuldigen." Die Herren G. O. und L. R. akzeptieren diese Erklärung als Genugtuung.

Anderes ist nicht beschlossen worden.

Die Vertreter der Parteien erklären hiermit die Angelegenheit als auf ritterlichem Wege geordnet.

| | |
|---|---|
| **G. H.** | **A. A.** |
| **H. J.** | **R. F.** |
| Vertreter des Herrn G. G. | Vertreter des Herrn A. C. |

# FALL 4

*W., den 30. November 1902, nachmittags 3 Uhr.*

## Protokoll

aufgenommen von den Unterfertigten in Angelegenheiten der persönlichen Differenzen zwischen den Herren B. C. und E. D.

Herr B. C. verlangt durch seine Bevollmächtigten G. F. und H. J. von Herrn E. D. Genugtuung, da er such durch den auf seine Person bezüglichen Teil der von Herrn E. D. in der am 29. November l. J. im Redoutensaale stattgehabten Volksversammlung gehaltenen Rede beleidigt fühlt. Die Herren L. M. und R. F., als Vertreter des Herrn E. D., erklären, dass dieser die Genugtuung nicht verweigert, doch enthalte die Rede nach dem in ihrem Besitze befindlichen stenographischen Texte derselben absolut keine Beleidigung für Herrn B. C. und bilden die auf diesen bezüglichen Bemerkungen nur eine schärfere Kritik seiner öffentlichen Tätigkeit.

Nachdem die Vertreter der Parteien den Text der Rede gemeinsam überprüft, halten sie in gegenseitiger Übereinstimmung im vorliegenden Falle ein weiteres Verfahren nicht für notwendig und erklären die Affäre als in ritterlicher Weise erledigt.

Weiteres wurde nicht beschlossen.

| | |
|---|---|
| **G. F.** | **L. M.** |
| **H. J.** | **R. F.** |
| Vertreter des Herrn B. C. | Vertreter des Herrn E. D. |

# ANHANG

Sehr bemerkenswerte Bestimmungen von großer Tragweite enthält die mi 1. Oktober 1908 in Wirksamkeit getretene Vorschrift für das ehrenrätliche Verfahren im k. u. k. Heere, die wir im nachfolgenden widergeben wollen. Nachdem die im Offizierskorps herrschenden Auffassungen über die Behandlung von ritterlichen Affären überall mit Recht als richtunggebend betrachtet werden, unterliegt es keinem Zweifel, dass die in unserer ehrenrätlichen Vorschriften zur Geltung kommende, ebenso ritterliche wie humane Auffassung nach und nach auch auf die nichtmilitärischen gesellschaftlichen Kreise wirkung üben und dazu führen wird, dass, ohne der beleidigten Ehre die notwendige Genugtuung zu versagen, ein Kampf mit Waffen nur dort stattfindet, wo mit ihm unbedingt zu rechnen ist.

### Erteilung von Ratschlägen durch den ehrenrätlichen Ausschuss

Der zuständige ehrenrätliche Ausschuss soll auch Offizieren (Offiziersaspiranten), die sich wegen ihres Verhaltens in einer Ehrenangelegenheit an ihn wenden entsprechende Ratschläge erteilen.

Offiziere (Offiziersaspiranten), die sich wegen räumlicher Entfernung an ihren zuständigen ehrenrätlichen Ausschuss nicht wenden können, sowie Offiziere (Offiziersaspiranten), für die ein ehrenrätlicher Ausschuss nicht besteht, wenden sich in solchen Fällen an einen ehrenrätlichen Ausschuss ihrer Garnison (ihres Aufenthaltsortes).

## A. Ehrenangelegenheiten zwischen Offizieren (Offiziersaspiranten)

Eine der vornehmsten Pflichten jedes Kommandanten ist die Pflege des militärischen Geistes sowie ritterliche Denkungs- und Handlungsweise des ihm anvertrauten Offizierskorps. Die verständnisvolle Erziehung der Offiziere muss daher die stete Läuterung des Ehrbegriffes und die Entwicklung eines regen Ehrgefühls zum Ziele haben. Entschiedenheit und unnachsichtliche Strenge sind dort anzuwenden, wo es sich darum handelt, bezüglichen Verstößen entgegenzutreten.

Die Offiziere sind die Träger der gemeinsamen Standesehre. Sie dürfen in keiner Lage die Selbstbeherrschung derart verlieren, das Bewusstsein ihrer Würde so weit einbüßen, dass sie sich zu gegenseitigen Ehrenkränkungen hinreißen lassen. Kommen trotzdem zwischen Offizieren (Offiziersaspiranten) Ehrenangelegenheiten vor, so haben für ihre Austragung folgende Bestimmungen zu gelten:

### I.

Über Ehrenangelegenheiten zwischen Offizieren (Offiziersaspiranten) haben deren Vertreter, sofern die Angelegenheit nicht auf gütlichem Wege standesgemäß beigelegt wird, ohne Verzug dem Kommandanten (§13 der Vorschrift für das ehrenrätliche Verfahren) direkt die Meldung zu erstatten. Sind die Vertreter Zivilpersonen, so sind die beteiligten Offziere (Offiziersaspiranten) selbst zu dieser Meldung verpflichtet.

Die Beteiligten haben sohin bei Unterlassung weiter Schritte die endgültige Entscheidung abzuwarten.

## II.

Der Kommandant beauftragt den zuständigen ehrenrätlichen Ausschuss mit der Klarstellung des Sachverhalts, die mit aller Beschleunigung durch mündliche oder schriftliche Verhandlungen zu erfolgen hat, sowie mit der Erstattung eines Gutachtens über die Art der Austragung der Angelegenheit.

## III.

Der ehrenrätliche Ausschuss hat in seinem Gutachten festzustellen, ob die Standesehre oder die Privatehre der Beteiligten überhaupt berührt erscheint, und sich bejahendenfalls auszusprechen, ob und auf welche Weise die Angelegenheit gütlich beigelegt werden könnte oder ob das strafgerichtliche oder ehrenrätliche Verfahren einzuleiten wäre.

## IV.

Erachtet der ehrenrätliche Ausschuss weder die Standesehre noch die Privatehre der Beteiligten für berührt oder finde er die gütliche Beilegung zulässig, so wird der Kommandant die Beteiligten entsprechend verständigen.

Mit der Verständigung, dass die Standesehre und

die Privatehre der Beteiligten nicht berührt erscheint, beziehungsweise mit der Ausführung des Antrages des ehrenrätlichen Ausschusses auf gütliche Beilegung findet die Angelegenheit ihre endgültige Erledigung und steht den Beteiligten hiergegen eine Beschwerde nicht zu.

### V.

Erachtet der ehrenrätliche Ausschuss die Einleitung des strafgerichtlichen Verfahrens für geboten, so ist hierüber unter Vorlage der Akten dem mit dem Straf- und Begnadigungsrecht versehenen Kommandanten zu berichten.

Beantragt jedoch der ehrenrätliche Ausschuss die Einleitung des ehrenrätlichen Verfahrens, so ist dieses Verfahren einzuleiten.

### VI.

Wenn die Beteiligten verschiedenen Kommandanten unterstehen, so richtet sich die Zuständigkeit des zur Amtshandlung berufenen Kommandanten nach den allgemeinen Grundsätzen der Vorschriften für das ehrenrätliche Verfahren.

### VII.

Die Befugnis des mit dem Straf- und Begnadigungsrecht versehenen Kommandanten, im Sinne der Militärstrafprozessordnung das gerichtliche Verfahren anzuordnen, wird durch die vorstehenden Bestimmungen nicht berührt.

### VIII.

Offiziere (Offiziersaspiranten), die unter Nichtbeachtung der Bestimmungen der Punkte I und IV oder vor Beendigung des gerichtlichen oder ehrenrätlichen Verfahrens eine Ehrenangelegenheit austragen, sind strengstens zur Verantwortung zu ziehen.

**B. Ehrenangelegenheiten zwischen Offizieren (Offiziersaspiranten) und dem ehrenrätlichen Verfahren nicht unterworfenen Personen**

In Ehrenangelegenheiten zwischen Offizieren (Offiziersaspiranten) und einer dem ehrenrätlichen Verfahren nicht unterworfenen Person kann die Intervention eines ehrenrätlichen Ausschusses dann eintreten, wenn die Angelegenheit von den beiderseitigen Vertretern nicht auf gütlichem Wege standesgemäß beigelegt wird und wenn der Gegner des Offiziers (Offiziersaspiranten) es schriftlich als eine Ehrenpflicht erklärt, sich dem Ausspruch des ehrenrätlichen Ausschusses zu unterwerfen.

In diesem Falle haben sich die Vertreter des Offiziers (Offiziersaspiranten) im Einvernehmen mit jenen des Gegners unter Vorlage der erwähnten Erklärung ohne Verzug an den Kommandanten (§13) direkt zu wenden.

Der vom Kommandanten mit der Klarstellung des Sachverhaltes beauftragte ehrenrätliche Ausschuss hat sich in seinem Gutachten auf den Ausspruch zu beschränken, ob die Ehre der Beteiligten überhaupt berührt erscheint und bejahendenfalls, ob und auf welche Weise die Angelegenheit gütig beigelegt werden könnte.

Von diesem Ausspruch hat der Vorsitzende des ehrenrätlichen Ausschusses die Beteiligten entsprechnd zu verständigen.

Mit der Verständigung, dass die Ehre der Beteiligten nicht berührt erscheint, beziehungsweise mit der Ausführung des Antrages des ehrenrätlichen Ausschusses auf gütliche Beilegung findet die Angelegenheit ihre endgültige Erledigung.

*Nachwort von Garwin Weißenstein*

Sehr geehrte Damen und Herren, verehrte Leser!

Als Befürworter des Duells zur Klärung von Ehrenfragen im ritterlichen Zweikampf, setze ich mich schon seit Jahren, leider erfolglos, für die Legalisierung des Zweikampfes zwischen Ehrenmännern ein.

In einer Zeit, in der „Hinz" und „Kunz" einander straflos beleidigen oder die hiesige Presse jeden Ehrenmann durch wirre Behauptungen entehren zu versuchen darf, ohne dafür jemals eine genügend Bestrafung erhalten zu können, erachte ich es als wichtig und richtig den Kampf zwischen Gentleman nach klaren Regeln zu erlauben.

Deshalb war es mir auch ein Bedürfnis und ein inneres Verlagen dieses Buch in seiner zuletzt gültigen Form wieder aufzulegen. Es soll ggf. daran mitwirken, dass Duell als Form der Genugtuung bei Beleidigungen der Ehre der heutigen Gesellschaft wieder näher zu bringen. Ich bin davon überzeugt, dass vielen Lesern die klare und edle Reglementierung des ritterlichen Ehrenkampfes, wie er hier in diesem Buch seine Beschreibung findet, nicht geläufig war. Und ich hoffe, dass sich nun vielleicht der ein oder andere Leser eine positive Meinung über das Duell gebildet hat.

Mit freundlicher Empfehlung

Garwin Weißenstein